U0651741

〔美〕迈克尔·林恩伯格(Michael Linenberger) 著

裴卫芳 陆欣楠 译

高效能
是训练出来的

MASTER
YOUR WORKDAY
NOW！

CMS 湖南文艺出版社
HUNAN LITERATURE AND ART PUBLISHING HOUSE

博集天卷
CS·BOOKY

图书在版编目（CIP）数据

高效能是训练出来的 /（美）林恩伯格 (Linenberger,M.) 著；裴卫芳，陆欣楠译 . — 长沙：湖南文艺出版社，2014.8

书名原文：Master your workday now!

ISBN 978-7-5404-6804-0

Ⅰ . ①高… Ⅱ . ①林… ②裴… ③陆… Ⅲ . ①效率—通俗读物 Ⅳ . ① C934-49

中国版本图书馆 CIP 数据核字（2014）第 145468 号

©中南博集天卷文化传媒有限公司。本书版权受法律保护。未经权利人许可，任何人不得以任何方式使用本书包括正文、插图、封面、版式等任何部分内容，违者将受到法律制裁。

上架建议：职场励志

MASTER YOUR WORKDAY NOW!
Copyright ©2010 by Michael Linenberger
This edition arranged with Teri Tobias Agency, LLC
through Andrew Nurnberg Associates International Limited

高效能是训练出来的

作　　者：［美］迈克尔·林恩伯格（Michael Linenberger）
译　　者：裴卫芳　陆欣楠
出 版 人：刘清华
责任编辑：薛　健　刘诗哲
监　　制：蔡明菲　潘　良
特约编辑：温雅卿
版权支持：辛　艳
封面设计：主语设计
版式设计：崔振江
内文排版：百朗文化
出版发行：湖南文艺出版社
　　　　　（长沙市雨花区东二环一段 508 号 邮编：410014）
网　　址：www.hnwy.net
印　　刷：北京天宇万达印刷有限公司
经　　销：新华书店
开　　本：880mm×1270mm　1/16
字　　数：152 千字
印　　张：15
版　　次：2014 年 8 月第 1 版
印　　次：2014 年 8 月第 1 次印刷
书　　号：ISBN 978-7-5404-6804-0
定　　价：35.00 元

（若有质量问题，请致电质量监督电话：010-84409925）

目录 Contents

前言 你也可以变身高效能人士...... 001

第一部分
001

把控时间，别让它偷偷溜走...... *001*

第一章 学会操纵工作，别让工作操控你...... 003

第二章 时间都是整理出来的...... 006

第三章 为什么你的工作永远做不完...... 013

第四章 玩不转"当前工作"，如何拼职场...... 020

第五章 想做的太多，要分清工作的轻重缓急...... 032

第六章 如何不再为"小事"抓狂...... 040

第七章 做好工作管理，才能提高效能...... 059

第八章 对付e-mail上瘾症，摆脱干扰...... 073

第一部分总结 把控工作可以这么简单...... 083

第二部分
087

创造你想要的结果...... *087*

第 九 章 一切以目标为导向...... 089

第 十 章 工作不仅要有目标，还得有愿景...... 099

第十一章 工作既要讲愿景，也要注重达成指标...... 106

第十二章 使用心理控制术，激活你的工作目标...... 119

第十三章 没有执行力的人生，不值得过 138

第十四章 不断调整目标，相信自己能够成功...... 148

第二部分总结 用创造思维去解决工作难题...... 163

第三部分
167

不要让你的梦想打折...... *167*

第十五章 快乐工作，是为了更美好的生活...... 169

第十六章 工作与内心关联，让一切从"心"出发...... 180

第十七章 发现你的优势，找到终生事业...... 193

第十八章 这辈子，你为何而来...... 207

第三部分总结 生活再平庸，也要大胆去想...... 213

推荐资源...... *217*

致谢...... *230*

前言

你也可以变身高效能人士

很多人都渴望彻底告别焦虑狂躁的状态，让工作能有条不紊地进行，职业生涯的发展也称心如意。能够通读本书，将书中的方法和技巧运用到工作中，你离卓越的人生就更近了一步。

很少有上班族能高效又有秩序地工作，谈起自己的工作状态，多数人都说会手忙脚乱，感觉每天都像在救火。本书提供了相应的对策，以解决大家深感无力的工作忙乱及缺乏成就感的问题。

"为何我每天忙忙碌碌，最重要的事依旧没完成？""怎么才能不被工作邮件和会议打断进度？""同事们貌似都很有条理，我为何每天都在加班？"通过运用书中的方法，学会自我调整和管理，你可以摆脱这些苦恼。

此外，本书还讲了如何提升成就感的问题。例如："如何在忙乱中保持正确的目标？""工作了几年，每天上班都很厌倦，如何突破瓶颈？""总感觉缺乏激情，每天只是按部就班，该怎么跳脱这个牢笼？"

读完本书，你将能够真正掌控自己的工作和生活。

每天的工作像一场战斗

工作其实是一场战斗，以寻常的一个工作日为例，你总觉得一天下来，像是经历了一场激烈的竞赛，但最后常常输掉。不停涌进的电子邮件拖了你的后腿，案头没完成的工作堆积如山，还有数不清的会议、接待耗掉你宝贵的时间。事情越堆越多，压力越来越重，加上最重要的工作没任何进展，你感觉自己快喘不过气来。

无奈的是，即使列了一堆计划，要在限期前完成根本不可能。更糟的是，一长串目标中，没有一个能引起你的兴趣、点燃你的激情。你有没有问过自己，你从事的是不是自己真正热爱的事业，或者只是每天得过且过？

面对失控混乱的工作，时间管理失效了；你尝试过的目标管理，还有SMART（指目标管理原则）表，都无法把你从繁重的工作中解脱出来。而这本书，将可以解决上述难题。

如何做好时间管理

下面重点介绍我推崇的一个概念——"高效能时间管理术"。它能帮你管理好工作时间、掌控项目流程、提高工作效率，重点告诉你如何把控"当前工作时间"。"当前工作时间"特指"当下"这段时间，以及从现在开始往下一周左右的时间。这是工作中至关重要的一个时间段。它是展示你能量的时刻，如果管理得当，工作效率、收益、随之而来的满足感，都将显著提高。本书会告诉你如何改善这段时间里的工作经历与感受，提升绩效，进而从中获得快乐、满足以及成就感。

探索真正的解决之道

"高效能时间管理术"是从哪儿来的呢？我在商海摸爬滚打三十多年，常常遭遇上述困境，最后我总结出一套解决方案。至今已有数万人试用过我的方法，实践证明它非常有效。

我初入社会是做一名土木工程师，为加州的一些大厦做基础设计。我经历过高效及低效的各种案例。后来，我又领导过 IT 部门，在大型管理咨询公司埃森哲任副总裁。我发现不少员工被工作时间安排不合理的问题所困。我常常是到了一个新客户的公司现场，才发现本应参加项目的人员被琐碎的工作牵绊，无法脱身。

我在工作中专注解决效率低下的问题，项目管理逐渐成为我的专长。我服务过的客户有 UPS 快递（联合包裹服务公司，世界最大的快递公司）、Sun 微系统公司、美国应用材料公司、eBay（易贝美国大型拍卖网站）等。我还为 AAA（美国会计学会）、Safeway（西夫韦）超市等机构主持创建了项目管理中心。我发现客户永远在为工作中的琐事所累：泛滥的电子邮件、数不清的会议，很多紧急却不重要的工作把他们拖垮了。

既然电子邮件和项目管理是影响工作效率的主要因素，于是，我便以此为切入点，建立起一个工作管理系统。我采用了微软的 Outlook（一个电子邮件程序）软件，它是处理电子邮件、进行项目管理的最佳软件。

时间管理金字塔模型

"当前时间管理"目的是换一种全新的方式来处理工作，虽然只是对工作方式稍做改变，却能产生巨大的效益。如此一来，你不费吹灰之力，便能集中精力，专注于正确的事情，而且卓有成效。

这一理论分不同层级，我分别称之为"把控""创造"和"关联"。下面是"时间管理金字塔"模型，让我们来看看它是如何帮助人们管理工作时间的。

提高效能的三个层级

"时间管理金字塔"中，"把控层"处于最下方，是实现其他部分的基础。要使所有工作都安排得井井有条，它不可或缺。

第二层叫"创造层"，是关于制订目标、取得工作成效的。

最后，金字塔的顶层是"关联层"，指如何将工作和内在自我相关联。从本质上来说，这一层级就是关于工作和人生是如何协调一致的。

三个层级的顺序

"时间管理金字塔"是从"把控层"起步的，意思是当你向某个目标开始努力时，先得做好"把控层"的工作。

你也许要问了："这么多年来，我一直被告知以结果为导向，最后才是按照目标安排工作——也就是把控的呀！"对于大多数人来说，处理紧急事情已让人精疲力竭，忙乱时什么目标、使命，早都抛到九霄云外了。许多人甚至做不到放弃最微不足道的小事，挤出时间来做目标规划，展望一下未来。

而我认为以"把控层"为基础逐步完成整个"时间管理金字塔"非常必要。举例来说，一名新员工刚到一个公司，从事的工作多属把控层级的。主管会让他做一些简单而具体的事务，要求他准时完成被交代的工作，这样就可以了。

这名员工不断成长，有一天也许会当上经理，这时候，他需要自己思考、想办法创造效益，这就是"创造层"的行为了。最后，如果他晋升至公司高管，甚至拥有公司股权，他可能就要凭借自己对工作、行业以及市场的判断，拟定公司远景规划、决定公司产品思路。毋庸置疑，这些是"关联层"的行为。

不过，无论处于职场的哪个阶段，把控、创造和关联的先后次序，都代表着我们在工作中使用辅助工具的顺序。举个例子，如果你还处于"把控层"，你首先会用到电子邮件、日程安排这些自我管理工具。其次，才能使用"创造层"的工具，设定和管理目标。最后，再运用到"关联层"的工具，这一层级通常极其个性化，对管理者和使用工具要求很高。

学会"把控"，是成功的开始

我建议先从"把控层"开始，学会管理自己的工作和时间。如果连工作时间都管理不了，又如何有能力管理团队和公司呢？

你也许看出来了，我的"时间管理金字塔"和马斯洛需求层次理论有几分相似，他的理论也是通过金字塔模型展示出来的。

马斯洛指出，人类基本生理需求——食物、水和住所——组成了金字塔的底端，这些需求得到满足，人类才能审视情感需求，如爱、归属、自尊（位于金字塔中间部分）。马斯洛金字塔最顶端是自我实现的需要，描述的是高层次的思考和人生经历。而你将发现，"时间管理"对工作的重要性，不亚于马斯洛的理论对人生的意义。

请将本书学以致用

如果你对改善目前的工作、提高工作效率很感兴趣，那书中三大主要部分会从不同角度满足你的需求。

第一部分是"把控时间"，是写给工作极其繁重的人的，他们因无法及时完成工作、处理好电子邮件而沮丧不已。你将发现，书的这一部分提到的技巧和工具，用起来出人意料地有效。

第二部分是"创造你想要的结果"，是写给想要实现目标的人，尤其是那些按其他目标管理书籍或方法行事，最后却沮丧失望的人。

第三部分是"不要让你的梦想打折"。很多人会问自己为什么要做现在这份工作，或者思考如何才能改变当前一团乱麻的现状。第三部分就是为这些人写的，能让你辨识什么才是自己毕生追求的工作，适合对自己职业生涯不甚满意并试图改善现状的人。

在往下阅读前，请你思考一下这些问题：你善于规划时间吗？你的工作效率如何？你工作中有何习惯？你经常为小事抓狂吗？你对自己的工作兴趣有多大？你喜欢亲力亲为、还是善于将机械的工作委派给下属？你为自己的时间估过值吗？你能平衡好工作跟生活的关系吗？带着对这些问题的思考，就让我们开始这趟冒险之旅吧，这段旅程将教给你许多方法和技巧，助你管理好工作，帮你实现目标。

01

第一部分
把控时间，别让它偷偷溜走

CHAPTER 1

第一章
学会操纵工作，别让工作操控你

"老天！我居然把这事给忘了！"

马上就要下班，而你刚刚才从下午的一场马拉松似的会议中脱身。终于回到办公桌前，你迅速浏览了一遍电子邮件列表，目光定格在一封未读的邮件上——邮件说明天上午 8 点交季度销售报告。但现在临近下班，而且弄好这份报告至少得花两个小时！

"见鬼！惦记 3 天了要写报告，结果却忘得一干二净！"

推迟交？你心中再清楚不过，这份报告那么重要，老板绝对会不高兴。

"好吧，看来又要加班了，昨晚为了赶项目加班，今天又不能早回去，老婆肯定要生气。为什么我就不能把事情安排得井井有条、不丢三落四呢？都是因为事情太多了！"

这一幕我们都很熟悉吧。电子邮件中总有被忽略或延误了的事情，淹没在一页屏幕都装不下的邮箱里；当然，也可能开会时随手记下什么事，不过早埋在一大堆会议笔记中了；还有就是电脑显示器上粘的即时贴上，也有忘了的事，躺在层层叠叠的贴纸下面。

即使你没有疏漏，但工作似乎数都数不清，上班时间根本完不成。你觉得自己工作效率低下，更要命的是亟待解决的事看不到头。电子邮件不断涌进，日常工作不断增多，还有会议等着你参加，意外事件也需要处理，你要如何分出轻重缓急来？

你终于领悟，应该学会操控工作，而不是让工作操控自己。

持续焦虑会把我们压垮

工作繁重依然能轻松应对的人，我们身边并不少见，他们甚至从超负荷的工作中汲取营养得以快速成长，你老板也许就是这样的人。不过对于多数人而言，如果工作急于求成，极可能忙中出错，从而让内心更加焦虑。久而久之，我们开始讨厌甚至憎恨自己的工作。如果再受到客户，尤其是顶头上司的指责，这种抗拒心理会更加严重。

不过，即便没人指责，那种混乱的感觉也让人恐慌。内心老有个声音在说："我完不成工作了。""我落下太多了。""我忘了重要的事。"潜在的焦虑能把人压垮。事情忘记了可找机会弥补，持续的焦虑却会降低我们的生活品质。

所以，本书第一部分参照"时间管理金字塔"，提出了形成把控层面的一套系统方法。掌握了这套方法，你将能合理地调整工作，缓解焦虑的情绪。

如果你使用 Outlook

如果你在使用 Outlook，我建议你看完本书后，把我运用 Outlook 方面的书也找来读一下，书名叫作《玩转 Outlook，轻松把控工作时间》。有成千上万人或者读了我的书，或者参加过我们公司的培训。他们按书中所说逐一实践，反馈回来的信息清楚表明：这些需要遵循的原则一旦运用到 Outlook 中，确实能发挥不小的作用。一些使用 Outlook 的读者，更喜欢用记事本写下各种工作，而本书第一部分也提出了用纸做笔记的方法。

不用 Outlook 的情况下

许多人不会用 Outlook，却同样希望从《玩转 Outlook，轻松把控工作时间》阐述的方法中受益。于是，我便总结了那本书的基本规则，在本书中予以呈现，而且还引申开去，使其适用于各类工作。这理论体系自成一派，可运用于目标管理、职业生涯规划等。

CHAPTER 2

第二章
时间都是整理出来的

想做好时间管理，可采取多种形式。前面说过，我的首选是 Outlook。不过假如你不会或者不喜欢用，那还有许多工具供选择。比如，你可以选择 Excel（微软公司的办公软件 Microsoft office 的组件之一）或 Word（微软公司的一个文字处理器应用程序）；你还可以使用一种叫 MindManager（思维导图）的头脑风暴软件，这是我个人最喜欢的应用软件之一。

然而，本书中我重点推荐的是"纸笔记录法"，相比任何一种软件它都更具便携性。你可以用纸和笔画出下面的列表，也可以用电脑软件制作好，然后打印出来。我称其为"工作流程表"，它用起来极其简单。

用纸笔开始时间整理

我们先用纸来简单列一个"工作流程表"，快速体验一下。也可登录 MasterYourWorkday.com，免费下载模板。

取一页纸，空白纸或横格纸均可，顶部居中写上标题"当前工作列表"。换行左对齐，写上标题"必办工作"（必须当日完成）。然后，在纸张约 1/3 处，同样左对齐，写上标题"待办工作（本周或下周着手做，每日检查）。第一页就是这些内容。

接着取第二页纸，顶部居中写上标题"视限外的工作"（每周检查）。好了，你现在手头做好了一份最基本的"工作流程表"，只有薄薄两页纸，具体列表情况可参考图表 2.1（图表中已输入一些工作内容）。

马上就行动起来

现在我们开始使用"工作流程表"。任何准备要完成的工作，例如记在笔记本里的，或是几个黄色即时贴上的，以及电脑文档里的，任何载体里的工作，都可以复制粘贴到这份表中。

凡是你认为必须当天完成的，填入"必办工作"栏中。填写之前别忘了看一眼 e-mail 收件箱，看看那里面有没有什么要紧的事。每一项必须当日完毕的工作，都得配上一行简短描述。

当前工作列表	视限外的工作（每周检查）
必办工作（必须当日完成）	– 查询活版印刷方法
– 设计稿发给玛丽审阅	– 制定国外许可授权方案
– 完成书评稿	– 找人油漆房屋
– 安排与苏珊娜见面	– 找设计师设计新办公室
– 电话泰德：关于印刷报价事宜	– 安排与街道规划委员会会面
	– 确定"迎春派对"的地点
待办工作（本周或下周着手做，每日	– 制定发票开具流程手册
检查）	– 找文字编辑负责通讯简报的工作
– 准备备用印刷报价	– 邀请保险业务员参加下次月度会议
– 研究合资企业的机遇	– 确定临时雇员的最佳来源
– 电话多娜：书评事宜	– 下一季度的招聘计划
– 敲定面谈时间	– 电话家得宝询问大宗购物
– 寻找做印刷媒体的人	– 会议室家具：更换
– 确定新网站 url	– 安排与执行委员会见面：规划
– 安排下一阶段的文字编辑	– 为图书室买书
– 和佩妮讨论 YouTube 策略	– 安排莎莉负责图书印刷事宜
– 更新项目日程表	

图表 2.1　工作流程表（初级版）

"待办工作"栏，是用来填写那些不需要当日完成，但有机会就会着手做的工作。

而"视限外的工作"栏，填入那些重要性较低、你认为几周后才会处理的事情。这些事情有很多，能写满一大张纸。

这便是简单的"工作流程表"了。

如何使用"工作流程表"

使用"工作流程表"时，有几个地方需要注意：

第一，尽量把所有工作都收集起来。收集工作甚至比执行工作更重要，不要一边收集一边干活，比如回复个不痛不痒的邮件、发个快递、给中午提前订下餐，以为这些事情花不了多长时间，没想到回过神，一上午就过去了。好的办法是把这些都变成工作任务，用一行小字描述这个任务，再填到表里。事无大小，都要收集到表中，只要是你能想到的、有可能遗忘的工作，都放到表里。收集完成，你才会心里有数，知道先做什么，后做什么。一天忙碌结束时，只需快速浏览一遍流程表，就能清楚知道哪些工作没完成，能不能收拾东西回家。

第二，不要往"必办工作"栏里塞过多工作。填入工作前，先回答一个问题：如果下班时这项工作还没完成，你愿不愿意加班把它处理完？如果你不愿意，那么就别把它放进来。

第三，"待办工作"栏的内容最好尽可能简短，一旦这部分内容多于20项，就得筛选出不太重要的工作，移到"视限外的工作"中去。

第四，如果某一项"待办工作"有完成时限，最好注明。例如：8月6日截止，销售报告。

第五，"视限外的工作"（第二页）最好每周过一遍清单。浏览过程中发现某些工作变得重要起来时，就转移到前一页去。

推荐你今天就开始使用"工作流程表"，相信你会发现它的作用非凡。

列出的工作一定要靠谱

凡是写在"必办工作"里的工作，都应该满足"需要立即做"的要求。不要以为自己是神，因为人用来存储事情的脑容量有限，不可能一下子考虑太多事，否则每天的压力会过大。况且，也没办法一天里把所有事都做完，因此，每次考虑下一步该做什么的时候，脑子里转过好几百件工作就没什么意义了，所以你所列的工作一定要靠谱，不然会陷入"明天再做吧"的惰性循环。

最好的办法是，每天临睡前，写下第二天的工作清单。这样可以帮助你理清思路。形成习惯后，你就不会因为感觉压力太大，每天晚上翻来覆去地睡不着。

整理，整理，还是整理

工作中我们常常会有这样的感觉：不堪重负，因此手忙脚乱；越是手忙脚乱，不堪重负的感觉越强烈。因此，有序地安排工作，知道工作的轻重缓急，能够改变这种恶性循环的局面。

此外，井然有序的办公环境，可以促进工作效率的提高。以下提供几个小窍门。首先，要学会丢弃。尽量只保留工作必需品，将各种参考书、记事本、文件夹、废旧杂志、不用的私人物品都定期整理装箱，避免很多东西只临时用过一次，就堆积在桌面上。定期舍弃无用物品，比如坏了的笔、几个月前的会议记录、文稿、随手涂抹的纸张等，要尽快清理，不累积闲置物品。什么都舍不得丢，只会让你埋首在垃圾堆里，根本没有好心情干活。别让"这件东西说不定以后会用到"的想法束缚你，因为一年用不上一次的物品，最占用你的工作空间。拥有一个整洁的桌面非常重要，当你每次找一件东西都要耗费五分钟以上时，高效能已经与你绝缘了。

其次，每天都使用的东西，尽量摆放在固定的位置，物品使用后要学会归位。签字笔、手机、钥匙、记事本等重要物品放在固定的位置，会让你工作起来更利落，不至于淹没在一堆杂物里。要注重空间的秩序感，剪刀、订书机、胶带、尺子、即时贴、曲别针、需要换用的笔芯、印章、名片盒等零碎物品放到最上层的抽屉；经常用到的文件、发票、表格、报销单等放到中间的抽屉；不常用的纸质资料、文件、合同装入透明的文件夹，贴上不同的标签，按时间顺序排列，放到最下层的抽屉。每天下班前设定十分钟时间，收拾完桌面、文档等再离开，以免第二天上班就面对一堆杂物，影响工作情绪。

再次，学会整理收纳发票和单据，尽快填写报销单。你的桌面是不是永远散落着很多餐票、出租车票、工作往来的票据，这些票据如果保管不善或者遗失，将造成意外的损失。所以解决办法是找一个透明的文件夹，一有新的票据就存放进去，在产生新发票的当天，就在票后标注好发生地、事由，避免以后想不起来没法填报。发票要尽早报销，这样就能及时拿回自己垫付的钱，也不让废旧发票占据空间。

最后，就是学会备份和转移。最好买一个容量足够的移动硬盘，定期将电脑中的重要资料备份到里边。此外很多网站开始提供免费的在线云盘服务，也可以将数据存储到云盘里。还有将暂存在你桌面的文件、资料转移给同事或合作方，一方面可以将不属于你的东西归位，另一方面也可以把能委派的工作"转移"出去。

小结

"工作流程表"能帮助我们摆脱杂乱无序的现状，使我们告别忙忙碌碌，却不知时间都花费到哪里去了的窘境。一目了然的工作列表，是我们将工作安排得井井有条的关键，也让我们能够抓住重点，避免为了各种突发琐事，将必办的事情置诸脑后。

此外，别在"垃圾堆"里办公了，整理一下桌面环境，感觉会好得多，也能极大地提高工作效率。下一章将提出独特的方法，去帮助我们实现完美的整理。

CHAPTER 3

第三章
为什么你的工作永远做不完

要找到工作不堪重负的解决办法，先得问问自己："为什么我觉得当前的工作量，大到让自己不堪重负，甚至可能是恐惧呢？"

许多人振振有词："要做的事太多了啊！"某些人确实在超负荷地工作，但有句话说得好，以大多数人的努力程度之低，根本轮不到拼天赋。很多人经常一到办公室，就会先打开网页看看，再泡上一杯咖啡，逛逛购物网站，看看自己追的剧集有没有更新。他们总想着还有一整天呢，待会儿再工作也不迟。因为没有"紧张感"，就无法把控工作，拖来拖去把正事都耽误了。

我们来了解一下"把控"的概念。说到把控某件事，往往是基于这样的思维：这件事若做了就有好处，不做就有坏处。换句话说，这种管理手段就是奖励和惩罚。随便拉一个销售经理，问他这个方法能否推动手下的销售人员完成月度目标，他会告诉你，这办法很管用。

即使对于非销售人员，奖惩的办法常常也是必需的。举个例子，如果上班迟到早退，或者报销单不完整，就要扣掉一部分薪水或不予报销，这种惩罚会造成紧张。不过要让人乖乖去做这些琐事，制造"紧张感"是唯一的办法。

心理学家指出，许多人喜欢安于现状，抵触改变，即使是好的改变也不愿意。所以，"紧张感"显示你正在经历改变，这种改变从长远来看是有利的。新公司、新职责、新老板，以及新的更富挑战性的工作，一开始都会造成紧张感，不过对于你而言，这是一种进步。

工作需要适度的紧迫感

管理大师史蒂芬·柯维的著作《高效能人士的七个习惯》，对著名的四格象限图做了全新阐释，把"紧急"和"重要"放到坐标轴上。他认为，只有对目标很重要的事情，才需要赶紧做，象限图中"紧急但不重要"的事尽量少做。这样一天中许多时间就解放出来了，需要完成的紧急事情的数量也少了。

合理的紧迫感是一种管理工具，具有推动和激励作用。比如不愿意学习的学生，临考前还是会抓紧温习，考前是紧迫感最强的时候。最后一分钟拼命的办法，我们在工作中也经常用。

我们这么做或许是因为太忙了，时间不够用，但同时往往也是因为喜欢紧迫感给予的推力。没有无形的鞭子在身后抽打，我们根本没有前进的动力。著名的管理学大师布莱恩·特雷西说过，感知紧迫并传达紧迫感的能力，是优秀管理者的特质之一，因为这样的人能够不断推动事情向前发展。

为何总感觉被压得喘不过气

我们不可能将紧迫感从工作中清除，也不应当清除。不过，如果紧张过了头，也会压垮我们。紧张过头的表现是怎样的呢？许多人都经历过这样的情形：所有的活儿一下子都凑到一起。它们原本是你饶有兴致的工作，但都凑一起却麻烦了，本来挺激励人的工作成了千斤重担，压得你喘不过气来。长此以往，你的工作热情就会被消磨尽。你再也找不到像骑兵队长般冲锋陷阵的感觉，相反，你只会觉得自己像受了伤的士兵，从马背坠落，被马拖着前行。

是什么原因造成这种状况的呢？时间太有限了，你却安排了太多的工作，还想要一下子全部做好，当然容易崩溃。但往后拖延也不可行，一些工作按原来的时间安排不用紧赶慢赶，延迟后由于没有尽快处理，就变得紧急了。火上浇油的是每天还涌现很多其他事情，于是堆积的工作愈加可观。结果，失控的局面让你认为：有必要学习时间管理；或者要补充更多人手；又或者觉得应该把球踢出去，把新工作安排给别人去做。

造成这种失控感还有一个原因，即不清楚清单上究竟有哪些工作。一旦清单越来越长，工作积攒得越来越多，就总会担心自己忘记一些重要工作，压力就这样形成了。

被不重要的工作捆绑

对工作列表糊里糊涂，除了引发压力之外，还会导致把重要性高的工作放在一边，仅仅因为不重要的工作摆在眼前就着手去做。于是，有限的时间安排不当，浪费了，直接的结果就是时间不够用。原本不要紧的事情，因为没有及时处理，现在变成十万火急的了。

事实上，我认为先做不重要的工作，可能是工作时间失控的最主要原因。当你忙于不重要的事情时，延后的工作或者一天结束时漏做的工作就变成最最重要的事，未能完成这些事的压力也逐渐大起来。

很多人习惯一收到 e-mail，马上打开浏览回复，这通常就是忙活非重要工作的表现，而且代价是把真正要紧的事放在一边。很多人每天花几个小时做这些，居然还为自己为何没能完成主要工作茫然。

如何分清工作的轻重缓急

我们都试过列出一张工作顺序清单，如果事情不多，清单确实管用。事实上，我认为从这一步上可以区分出一般员工和优秀员工：一般员工只知道时间不够用时拼命抱怨，而优秀员工却懂得工作量大了确实麻烦，但他会分清轻重缓急，合理安排各项工作，把不重要的工作往后推。

然而，工作中经常出现手头有十几项工作要完成，而且每项工作都是非常重要的情形，这时候你会发现许多重要工作都被安排得乱七八糟，那种不堪重负的滋味又回来了。

事实上，由于表里列了太多工作，再要添加新的内容时，很多重要事情就被直接跳过了。结果这些事情被搁置了几周，即使已经标示了重要的工作，许多人在做的时候依然会将其跳过，因为他们并不完全认可自己的重要性分级标准。

第一，我们说重要的事情，其实对自己并不重要，可我们认为别人希望我们做，因此把它们标注为重要事项。例如：老板吩咐的事情，承诺别人的事情。于是，决定取舍时，我们就会以此为先，不然的话就会心生内疚。

第二，重要与否带有很浓的主观色彩。我们常常只是因为对某件事充满热情，或是心怀恐惧，而主观判断其重要性。比如，听到别人讲周报没交后果多严重，于是在工作列表中列上一项——写周报。后来发现延迟交周报也不被处罚，我们就会暂时将其略过不管。

第三，事情的重要性会随着时间而减弱。例如，这天出了大麻烦，于是在重要工作表里加上"要解决销售某环节的问题"。几天后，麻烦已经消失了，但工作列表里此项工作还列着。这种情况很常见。

问题的关键还是在于找到正确的方法区分工作的轻重缓急，工作数量尽量精简，并管理好推迟的工作。

时间管理四象限法

不堪重负的感觉会导致恶性循环：不堪重负，因此更加手忙脚乱；越是手忙脚乱，不堪重负的感觉越强烈。从某种程度上讲，有序安排工作，知道工作的轻重缓急，能够改变这种恶性循环的局面。

史蒂芬·柯维的时间管理四象限法，想必大家都不陌生。他根据工作的重要性和紧急性将每天遭遇到的事情分成四个象限：重要且紧急（如客户投诉），重要但不紧急（个人长期规划），不重要但紧急（部门间沟通会议），不重要也不紧急（上网闲聊）。而我们在应用四象限法的时候的逻辑可以是：1.先列出工作的清单；2.对于每件工作结合其重要性和紧急性判断优先级；3.根据优先级顺序的排序来将各项工作放入四个象限；4.将注意力放在"重要且紧急""重要但不紧急"两个象限上。

重要的少数与琐碎的多数

这个原理是意大利经济学家帕累托提出的。它的大意是：在任何特定群体中，重要的因素通常只占少数，而不重要的因素则占多数，因此只要能控制具有重要性的少数因素即能控制全局。人的专长可能很多，但真正发挥作用的很少。所以，要善于掌握自己的优势，寻找那些最重要且自己非常擅长的事情去做。

从时间管理上而言，你也要遵循这个二八法则，应该避免将时间花在琐碎的多数问题上，因为就算你花了八分的时间，你也只能取得两分的成效。你应该将时间花于重要的少数问题上，因为解决这些重要的少数问题，你只需花两分的时间，即可取得八分的成效。因此，这种法则又叫省力法则。比如，你是不是有过做PPT（微软幻灯片程序）时，从第一页就开始美化，到了时间节点就开始抓狂的经历，事实上应该先把框架搭好，将内容填充完毕，然后再进行美化，这样才不会陷于琐碎中无法自拔。

小结

许多人觉得工作失去控制，是因为太多紧急工作赶在了一起。主要问题在于，我们缺乏把工作列得清清楚楚、扫一眼就能辨别出最要紧事项的能力。如果你是卓越的管理者，要把80%的精力投入到"重要但不紧急"的工作中，以使"重要且紧急"象限的"急"事无限变少，不再瞎"忙"。很多重要的事，很多时候都是因为一拖再拖或事前准备不足，而变得迫在眉睫。

CHAPTER 4

第四章
玩不转"当前工作",如何拼职场

工作项项要紧,如何找出最棘手的那一项呢?假如有一套系统,能明明白白指出什么是最要紧的工作,让人可以有条不紊地掌控好工作时间,该是多美妙啊。

接下来我们就能学到这套系统,它便是"时间管理金字塔"的把控层级部分。这套系统能让你把注意力集中在最关键的事项上,避免在无意义的工作上耗费时间。

你的心智模式是什么

"时间管理"不仅有缜密的逻辑性,同时还带有心理学特征。因为它源于对人们如何看待工作的分析:为何工作让人感到焦虑?为何我们担心其中一些项目、对另外一些却得心应手？为什么总在"救急"，却把最重要的工作推迟？

我拿一个心理学概念——心智模式——来加以解释。沟通管理专家们多年来一直强调，解决员工间的冲突，提高沟通效率，需要帮助他们了解彼此的心智模式，搞清楚对方是如何看待工作的，了解对方在工作中的角色。随着对方的想法越来越清晰明朗，良好的沟通也就逐渐形成了。

同理，处理公司内的工作压力，首先要清楚员工看待工作的心智模式。他们持有的心智模式产生了压力感，压力感又导致判断不清，判断不清反过来造成效率低下。许多时候，用不着大量减少工作，只要处理好与心智模式相关的问题，压力和绩效不佳的情况就能得到改善。

那么，什么是心智模式呢？请看下面的案例。

为何心智模式常常扭曲

朋友携家人来看望我时，我常带他们去旧金山的渔人码头游览。那地方风景秀美，但也不可免俗，景区布满了售卖旅游用品的商店。想想你去过的景点，旅游商店里琳琅满目的商品中，除了 T 恤和纪念品，你应当也看到过所谓的"卡通地图"。地图会突出显示该地区与众不同的地方，一般是夸大重点地标，这样地点和重要性就凸显出来了。

你可能看到过这样版本的美国卡通地图，地图立足于"沿海国家"的立场描绘美国国土。地图上标出了西海岸的州，绝大多数情况下会是加利福尼亚，面积广袤无比，覆盖了全国 40% 的土地。同样的夸张手法运用在东海岸的几个州上，剩下中部的州，绘制比例完全失调，看上去只占国土面积的 20%。

心智模式往往与现实不符

有趣的是，许多沿海地区的居民认为，实际情况就是这样。在他们的印象里，美国中部山脉和中西部的州没占多大地方。从某种程度上讲，这便是许多沿海居民持有的心智模式。

还有一个中世纪的关于心智模式的典型例子。在那个年代里，几乎人人都以为地球是静止不动的，太阳绕着地球转。每个人在心里描绘出的"影像"都是错误的。所以说，比对作为原型的实际事物，心智模式通常是不完全、不准确的。我们了解某个事物，都是站在个人的角度，但个人角度一般比较狭隘，还会受以前经历的主观影响。

"心智模式"对工作效率的影响

第一次提出心智模式这一概念的人是肯尼思·克雷克。最后，彼得·圣吉通过他的著作《第五项修炼》把心智模式的概念引入现代管理学前沿。

了解看待工作的心智模式，有助于解决工作中频繁出现的不堪重负的问题。我们对整个工作环境持有的心智模式有数十个甚至数百个，代表了我们对工作各层面的看法，例如职权、时间压力、薪酬、同事竞争，甚至办公设备（如"复印机跟我作对"），这些都体现出我们与事实有出入的设想。而有一个心智模式对我们诠释工作的紧急性有极大影响，它解释了为什么我们工作时常常效率低下。

"当前视限"心智模式

那好，我们来看看关于紧急性的心智模式：忙碌的职场中，不可能凡事都做完。你想到或者交付要做的工作、要开的会议、要看的e-mail，可能都会超出满负荷的工作量。

我们总想把精力用于解决最紧急的事，然后是稍缓的、过两天才需要解决的事，接着是紧急性再低些的事，如此这般依次类推。这期间有旁人打岔、有注意力分散，也可能有一些重要事项加进来，但我们的焦点都集中在时限和紧急性上，这种心智模式便是我所谓的"当前视限"。

确定你的"当前视限"

如果有人（既非老板，亦非重要客户）要在你忙得披头散发时插进一个项目，需要耗费半天时间。这项目要求第二天完工，但你又撇不开其他工作，那你肯定会说："不行，我忙得要命。"可是，同样工作量的情况下，如果这个项目可以慢慢来，比方说两个月以后再交活，加上你正好对它很感兴趣，你可能就欣然应允了。你心中从现在往后度量，在明天和两个月之间一定存在一个时间点，这个时间点之后完成该项目你才不会感觉太紧张。

为了进一步明确该时间点，多年来我几乎每次讲演都要向听众询问。我首先问两个月是否可行，大家基本都举着手说可以；然后，我又问一个月怎么样，大部分人依然举着手；我继续往下问，不断缩短时间，三周，两周，然后是一周。说到两周时，举手的人依然很坚定，但降到一周，大部分人的手就放下了。因此，一周和两周中间的某一个时间，便是人们考虑的临界点了，我将其命名为"当前视限"。

它能揭示出面对要完成的一堆工作时，你会选择先做哪些。许多忙得团团转的人，一想到要在视限内完成工作，就心生焦虑；但如果工作排在视限外，尽管工作量一点没减，承诺完成的事也一件没少，他们通常也会抱着放松的心态。但是，除非工作带有季节性特征，一般人并不会以后就不忙了，大家只是觉得自己以后会没那么忙。这是想法和现实不符的经典例子。

有趣的是，我调查过的所有忙碌的脑力劳动者中，平均时间为一周半。他们当中很多人认为这段时间之后的工作可以悠着做。花上一分钟，想想你自己的"当前视限"是多久，记住这个时间，继续往下看。

"视限"该做何解释呢？假设你站在平坦的海滩上眺望大海，远处海天相交成一条线，鉴于地球球形弯曲，这条线以外的地方是看不到的。视限就是视线的距离（见图表4.1）。

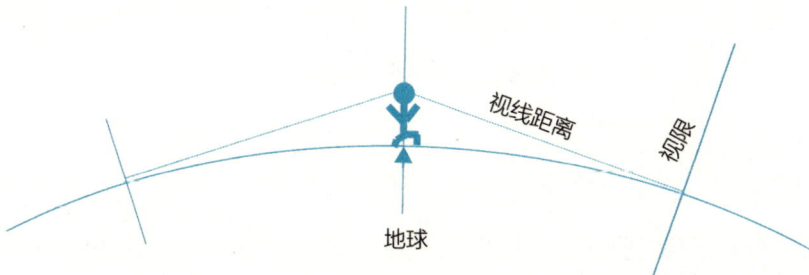

图表 4.1　视限就是视线的距离

同样的道理，"当前视限"便是工作的时间边际，你看不清边际后面未来的工作情况，所以那些工作似乎不用去操心。好吧，现在假设你把工作列表放在类似地平线的视限框架内（见图表4.2），当中是现在，左边为过去，右边即未来。我们重点讨论图标的右侧未来部分，它是"当前视限"心智模式关注的焦点。注意，工作的时间距离越近，紧急性越高。

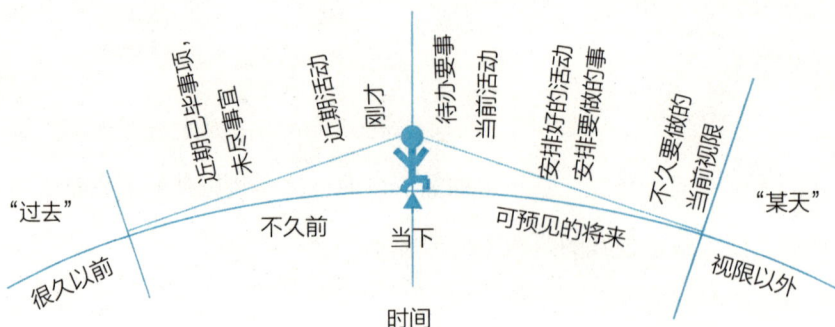

图表 4.2　视限是个时间概念

把工作当成流水线来管理

举个形象的例子，工厂工人一般是在流水线上工作的，传送带把东西运送到他们面前，那可能是需要组装或包装的机器零配件。工人的节奏由传送带的速度控制。

坐办公室的脑力工作者身旁没有流水线和传送带，但他们经常把工作比作在跑步机上健身。他们说，感觉就像原地踏步，自己很难赶上手头工作和找上门来的请求的速度。

概括起来，我们就得出一个有用的模型。假设一个男人或女人位于一台类似跑步机的传送带的最左端，机器开着，从左到右是很长一段距离的传送带。为了讨论方便，我们这里就暂且把这个人当成是一个男人。他面向传送带右端不停地走，速度刚好让他保持在传送带左端（见图表 4.3）。

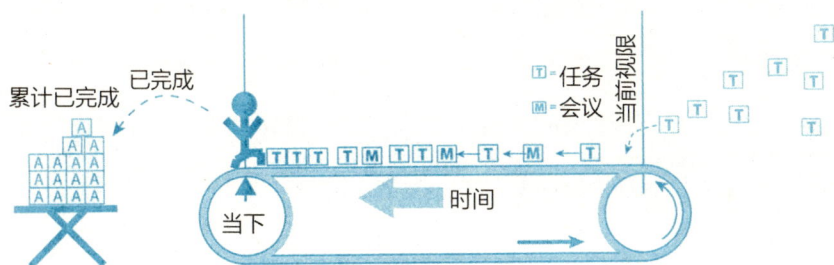

图表 4.3　跑步机心智模式

传送带上向他递送过去的是各项工作任务和会议，他必须一一应对，才能做好本职工作。马上到眼前的是他手头正在做的事情，或者就要截止的工作。每完成一项，就放到一边，好似图表 4.3 里描绘的那样，转头把它扔到"已完成"筐里，然后继续下一项传到面前的事情。接着，稍远一点的是很快要发生的事情和必须有所准备的事情。再远一些是紧急性较低的工作，不过这些还都在他眼中。一般来讲，这个人是按照传送带输送的次序工作的，但偶尔他想更主动一些，提前完成工作，也会伸手去取远处的工作，赶在期限之前做完。

"当前工作时间"视限能影响工作情绪

视限之外并非没有工作，只是看不见了而已，但眼不见则心不烦，所以人们不为视限外的工作烦心。

下图形象展示出工作的进行情况，以及人们对工作的反应和应对。"当下"和"当前视限"中间的时间段，我称之为"当前工作时间"（见图表 4.4）。这是工作时所能考虑到的一个时间段。这段时间占据了我们几乎所有精力。如果有人问："你现在在忙些什么呢？"你必然要先审视一下这个时间段，才能作答。管理该时间段的能力强不强，影响到工作的开心程度。

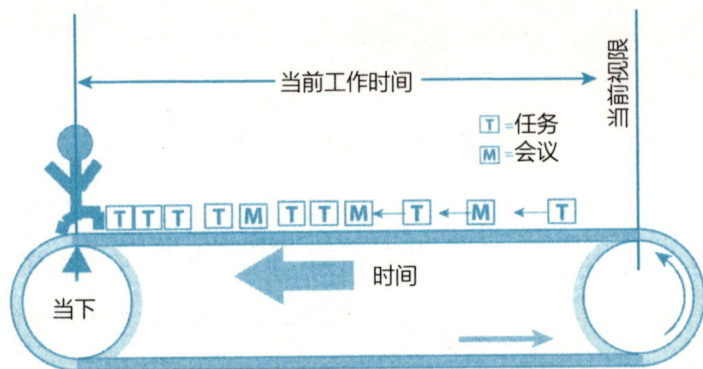

图表 4.4 "当前工作时间"界定

工作步伐很关键

通过之前的分析可知，我们感觉过于忙碌和工作步伐相关。如果流水线上滚进来的工作和处理完的工作（见图表 4.3）完全一致，感觉会很棒。同理，如果你不满工作量大，工作负担重，你很可能会抱怨进来的工作太多，造成传送带上堆积了太多事情没完成（见图表 4.5）。

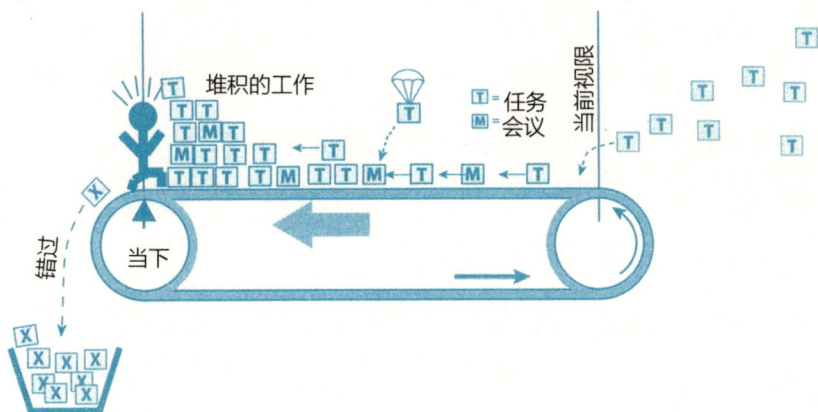

错过的机会和期限

图表 4.5　不堪重负的工作时间

　　换个轻松的话题吧。经典电视喜剧《我爱露西》里有个滑稽片段。露西和同伴们被一家巧克力厂雇用了，他们的工作就是给面前传送带上的巧克力糖包糖纸。传送带另一头是扇小门，不断往传送带上填糖果。门背后是什么，他们看不到。起初传送带转得很慢，速度能够接受，露西就声称："这很容易，干一整天都行！"但传送带很快开始加速，有两个人开始跟不上，着急起来，一块块没包好的巧克力糖就在传送带上过去了。他们的压力源自于新工作涌进来的速度不断加快。电视剧里演的人们速度落后时的反应非常搞笑。露西把巧克力藏在帽子里，甚至嘴里，管理人员过来检查时，她被发现了，身上还带着没包糖纸的巧克力。在现实生活中，像露西那般落后，可就不搞笑了。工人干活时担忧进度跟不上，这种心态会产生压力。

看不到并非工作不存在

重申一下，无论工作负担繁重与否，在上面的模式中，你对于"当前视限"以外的工作不会考虑太多。露西的小故事里，"当前视限"便是那道门，从那里不断涌出巧克力糖果，落到传送带上。门之后的情况露西是看不到的。

在办公室里，"当前视限"是我们能够集中精力的时间，一般为一周半。因为我们不去想一周半以后的事情，所以压根不会担心。而且，正如我之前说过的，许多人还以为这段时间之后的工作量会变小。

如何才能玩转当下

再强调一遍，现实生活中，一周半之后的工作并不会减少。好比大海中的波浪，你大概经常想："过了这周，我就能喘口气了。"可周复一周，你也就仅限于想想而已。

如果我们每天检查的工作清单只列出要在"当前工作时间"范围内完成的工作，并能把控好工作数量，就能缓解压力和焦虑感了。既然下周还是有许许多多的事情要做，何不直面现实，赶紧将工作进行筛选呢？把更多的工作移到"视限外的工作"列表中去，这样只需要每周检查一遍就可以了。

小结

以上简单介绍了"当前工作时间"理论，以及这一理论的来源背

景。它是基于一种可识别的心智模式，这种心智模式展示了人们是如
何处理紧急事务的。

回顾一下，人们都想完全集中精力处理当天或者一周半内到期的
工作，即人人都有一个"当前工作时间"，这是人们关于工作的心智
模式里存在的一个特别的时间段。

CHAPTER 5

第五章
想做的太多，要分清工作的轻重缓急

在工作中，有很多事情是不必做的，或者是不必你自己亲手做的。想做的太多，而时间太少，是你必须要面对的困境。

我们应该节约精力，去做最有价值最必要的事情。在做每件事之前，学会问自己："这件事是必须做的吗？"以此将自己从徒劳的工作中解脱出来。

你是否总在疲于奔命

如果你不管理工作，就很容易陷入"到处救火"的状态。你一定有过类似的情况，一整天忙个不停，眼看一天就要结束，内心焦躁不安，希望能像超人一样把所有的事情都做完。每件事在你眼中都很紧急，哪怕再鸡毛蒜皮的小事，你也会马上处理。你

只想着马上去做，越快越好，速度是你解决问题唯一的对策。

这种情形下，很容易做出错误决定。《哈佛商业评论》的一篇文章指出：在上述情况下工作者会进入一种状态，近似于"注意力缺失症"（Attention Deficit Disorder, 简称 ADD）。你也许在自己或他人身上见过这种状态——太忙了，感觉要崩溃了。如果长期疲于奔命，大脑功能就会逐渐退化，而且情况会越来越恶化。

而专注于"紧急事务区域"的管理方法，能让各项工作的紧急程度清晰显示出来，看上去一目了然。通过这种方法，我们能分清哪些工作最重要，以便我们全力以赴。

分清哪些工作是"必办"的

现在，我们选择三个紧急事务区域，看看怎么合理利用它们。你可以拿起纸笔，制作属于自己的"工作流程表"。

最最重要的紧急事务区域，称之为"必办工作区域"，它位于"工作流程表"第一页的最顶端。我们在传送带位于人右边的位置画条线，大约是传送带从左至右 1/5 的距离处。这条线代表了必办事情的完成期限（见图表 5.1）。

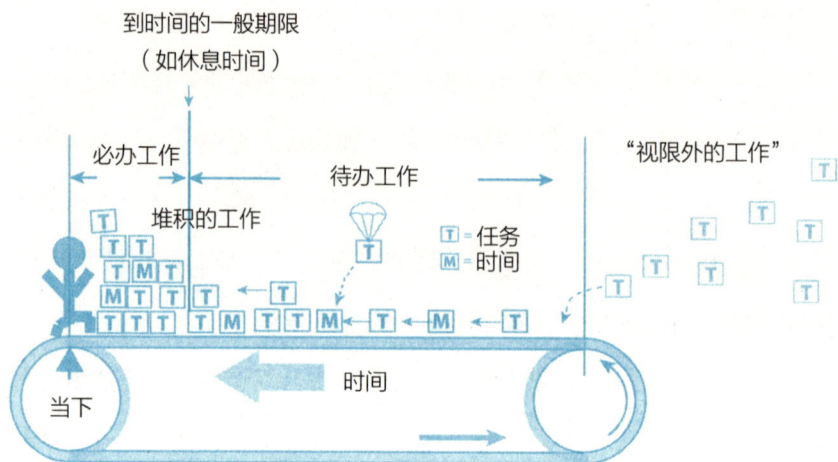

图表 5.1 紧急事务区域

"必办工作区域"内的工作自然是紧急的，会占据你大部分注意力，它们可能也是最容易让你焦虑的。工作通常在这里形成堆积，经常会造成期限延误，让你错失良机。

比方说，老板语气坚决，希望你将报告当天完成，这便是一项必办工作。再比方说，你下班前一定要把提案给客户，这也是一项必办工作。几周前计划的工作要在今天完成，那它现在也变成了一项必办工作。

早上第一件事，你要认真思索，把所有在当天需要完成的工作填进表里，这样方便及时跟进完成情况。如果老板在会议室叫住你，安排了一项新工作，要求当天完成，那立刻把它添加到表里。如果收到电子邮件，里边有工作需要你当天做完，那也马上把它列到表里。

"必办工作区域"的工作不要超过你的承受能力，尽可能精简，记住"只列当天的""只列必须完成的"，其他工作全部挪走。下班离开前最后一件事，就是对这个列表进行检查，确定所有工作都做完了才能下班。

对待"待办工作"需要智慧

接下来再来谈谈"待办工作"，也就是完成必办工作后，当天还有富余的时间精力，可以机动灵活地去做的工作。你知道它们需要尽快完成，但你首先得做完必办的工作，忙里偷闲才能去做这些待办的工作。如果对接客户刚好来了，或者你灵感突现，再或者时间确实很宽裕，你才有理由去处理这些"待办工作"。

比如说，"谈判并签署销售合同"，5日内完成；或者，"HR（人事部）要求做的新员工培训报告"，本周内完成。这些事你不必当天就去处理。

需要注意的是：传送带从右往左移动，如果你犯懒不去完成，工作就会变得紧急起来。因此，你需要每天"扫雷"，看看有没有工作已经变成了非常紧急、需要当日完成的。

冷静对待视限外的工作

"视限外的工作"是慢炖型的。例如整理客户名单，着手准备一个月后截止的项目，或者看同事发给你的一篇文章，它们不急着在这周或下周内做。

你每周浏览一遍就行，做到心里有数，看看其中有没有到时间需要处理的，如果有，马上将其转移到第一页。这样做主要是避免遗漏，当你以为"终于搞定手头的活儿，可以好好放松几天"，殊不知很多工作，就藏在你看不到的地方。浏览这个区域，会大大减少你的管理精力和风险，因为有些活儿你不列出来，并不表明它们不存在。

现在，你可能需要停下来调整一下工作列表，把各项工作放在最合适的部分。图表 5.2 展示了这些区域在 Outlook 中是如何按照紧急性排序的。

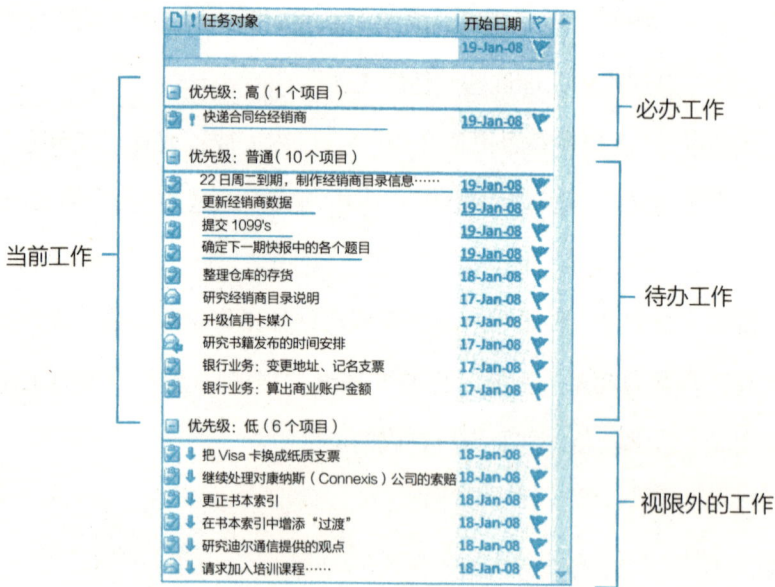

图表 5.2　Outlook 任务窗口中按紧急性排序

管理工作的两大原则

首先，针对每项工作问自己：不完成是否需要加班到深夜？如果需要，就列入"必办工作"列表；不需要，则不列入。这项严格的自问测试可以缩短"必办工作"列表的长度，将其中的工作减到一个合理数量，控制在 3－5 项工作是最理想的，这个办法能让你精力更加集中。

第二项管理技巧：把低优先级的工作转移到"待办工作"列表，并将工作数量减少到 20 项以下。

把潜伏在工作中的"鲨鱼"赶走

"当前工作"包含："必办工作"和"待办工作"。这个列表中的所有工作你都必须放在心上，使用这套系统后，你所要关注的事情都在一个小小的列表中，仅有不超过 25 项的工作。

有了这样一份可以快速浏览的列表，那些潜伏在你视限外围如同鲨鱼般要命的工作，就清除干净了。你感觉到那些"鲨鱼"潜藏在那儿，心中时刻担心它们会突然跳出来咬你一口。一旦你清楚了当天的工作数量，恐惧感就会被消除许多。你看到所有的工作在眼前排得整整齐齐，它们看起来就不像鲨鱼了，而像一群血统纯正的狗，不会咬你，只会听从你的指挥。即使你可能"做不完所有的事"，仍会觉得工作完成得不错，心里比较踏实，对上司和客户的承诺兑现得很好，能够准时回家。

时刻谨记要事第一

一旦你把紧急性从工作衡量标准中抽离出来，留下的就是我称之为"固有的重要性"的内容。它可以衡量一项工作与你的愿望、志向、核心价值观、目标、人生愿景等的关联程度。

该系统 Outlook 表现形式的列表中，可以用 1 – 9（9 为最高值）9 个数字标识工作的固有重要性。这样你能一目了然地看到哪项工作与你的核心价值观关联最密切。我建议你们在纸质系统中也这么做，在列出的工作旁边用数字标记固有重要性，可以只标出重要性高的工作。这样标识后，你扫一眼列表，先做哪项工作就清楚了。

因此，在纸质工作系统的第一页里，可以像图表 5.3 一样列工作。

必办工作

- 给团队发 e-mail，通知准备会议

9- 提交新的预算供上级审查

待办工作

- 回复 HR 关于人员聘用的问题

- 发会议记录给简，让她分发

9- 申请总监职位

7- 开始撰写绩效考评模板

- 回复斯坦关于用户群调研的 e-mail

6- 安排下次项目经理会议

图表 5.3　重要性标注示例

　　工作列表中数字标志的意义在于引导你的目光，把你的注意力引到较重要的工作上，这样你便会首先考虑它们。注意，我说的是"首先考虑它们"，而不是"首先完成它们"。这些数字不是标记完成工作的顺序，它们只是提供额外的参考信息。

小结

　　工作表包含 3 个区域：必办工作区域、待办工作区域、视限外的工作区域。必办工作区域填入必须当日完成的工作，待办工作区域填入一周左右完成的工作（不超过 20 项工作），视限外的工作区域填入一周半后才着手的工作。

　　每小时检查一次"必办工作"，这么做能够避免临下班前披头散发，缓解"到处救火"的忙乱状态。

　　每天从头到尾检查一次"待办工作"，这让你能充分地跟进很快将变得紧急的工作。

　　每周检查一次"视限外的工作"，如果里边的工作紧急性变强，则移入工作流程表的第一页。

　　在这个系统中，对紧急性清晰、准确的描述，使你能更恰当地分配注意力，大幅缓解工作中的焦虑。每天只需查看"工作流程表"第一页。事实上，只要聚焦于必办工作中的 3 - 5 件事。这样做，可以间接地治愈你的焦虑症和拖延症。

CHAPTER 6

第六章
如何不再为"小事"抓狂

之前介绍了如何制作一份"工作流程表",并介绍了如何合理地使用它。

这份表用上几天你便会发现它十分简单易用。薄薄几页纸,可以装在口袋里、用夹子夹在台历上,或放进手提包里。由于经常添加删减,第一页纸得定期更换,但除此之外,其他的能一下子用好几天,甚至好几周。许多人经常用一个厚厚的笔记本,但基本坚持记录几天就丢弃了,然后又换新的一本,每次都信心满满,结果都无疾而终,所以几页纸的工作表最适合上班族使用。

当日事当日毕

检查必须今天完成的紧急事务,然后将其填入

"必办工作"列表部分。早晨起来第一件事，浏览一遍"待办工作"列表，若发现其中有今天截止的，便移入"必办工作"列表。保持必办工作列表中只有必须今日完成的工作。

接下来的一天里，常去看一眼列表，确保所有的必办工作能一个不落，尽早完成。必要时，也可以在午饭时间来做，或者放弃一场意义不大的会议，空出时间来。一周下来，多数时间你是可以准时下班的。当然，你也可以选择加班，但加班只是因为你愿意做一做那些随意性工作，而不是被迫无可奈何地留下。

"日事日清"是很多公司提倡的工作法则，推脱和等待，是缺乏执行力的表现。

提前完成工作，能激励人心

使用"工作流程表"，能帮助我赶在合理时间前完成紧迫工作，对我而言很有吸引力。看着"必办工作"列表时，我可以自言自语地说："做完这些，今天就能去健身了。"或者在加班干活儿时，我可以说："这些完成后，我就能集中精力研究这个新创意了。"无论哪种情况，都相当激励人。

顺便说一下，提前完成"必办工作"，会带来一种抢在时间前面的欣喜感。这种感觉相当美好，能改变你的整个工作态度，并能大大减轻工作压力。此外，一早做好工作列表，还能预测这些工作是否会超出负荷。这样可以留给你充裕的时间，提前去找工作相关人员，这就避免到时候要交付工作了，你不得不加班加点，不堪重负。

不要高估自己的能力

移动工作至"必办工作"列表轻而易举，但移动前请问你自己："如果下班时还未完成，愿不愿意加班？"你的回答如果是"不愿意"，那么这项工作就别放进去。

我个人通常只在"必办工作"列表中写上 3 – 5 项工作，偶尔多至 5 项。如果你写的还要多，我就要怀疑你根本没掌握必办工作的特质。

分清"必须今日完成"和"对我十分重要"

工作表短小精悍是基本原则，许多初学者往"必办工作"塞了太多工作，原因在于他们分不清"必须今日完成"和"对我十分重要"。

举例来说，同事发给我一篇《华尔街日报》的文章，我非常有兴趣，很想把阅读此文标记为"必办工作"。然而，事实上我并非今天就必须读完它，所以我把它放进了"待办工作"区域里。

一些工作很重要，但并不需要当天完成，了解这一点相当关键。它们与目标和价值观密切相关，需要的话可以用数字标明其重要性高低。

学会把大工作分解成小工作

我们常常往工作栏里塞入过多东西，许多工作只是日复一日地停留在纸上，没有被付诸行动。造成这种情况的另一个原因，就是在列工作的时候，我们总想一口气吃成个胖子，没有清楚描述下一步行动，没有做行动分解。对于一项比较复杂的工作，确定今天能够且必须完成的只是其中一小部分的内容。因此，与其写"完成项目季度报告"，不如这样写"e-mail 团队各成员，通知季度报告事宜"，这样将工作分解，才能一步步去完成。

合理面对待办工作

"待办的优先工作"属于机会性工作，但又是你今天特别想做的事情。马上做完也许客户会很高兴，还能缓解后续工作的紧张。从根本上来说，这部分工作是你最重要的待办工作。它们并非今日必须完成不可，但如果搁置过久，它们就会变得紧急重要起来。

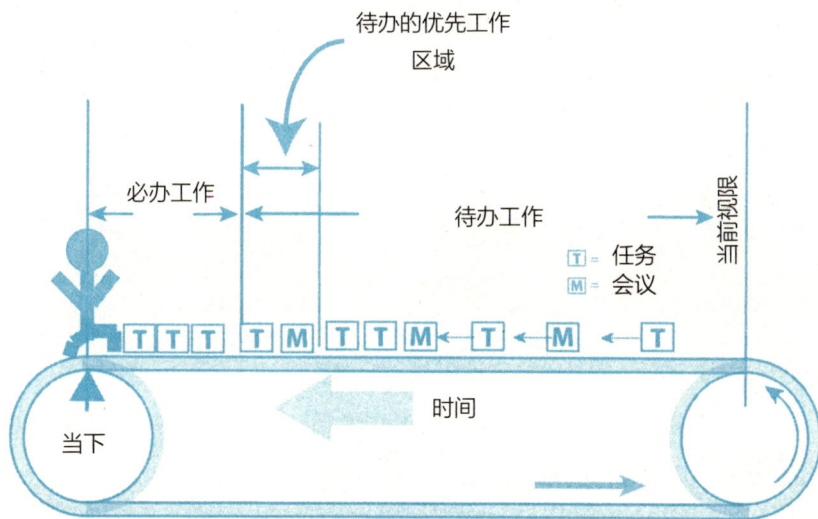

图表 6.1　待办的优先工作区域

"工作流程表"（初级）没有包括该栏，因为它是一个可选部分，一开始就提出来恐怕会造成混淆。不过，这块区域其实很有用，可以将它添加到流程表中，这样一来，便有了"工作流程表"升级版。

比方说，我今天很想给一位客户发 e-mail，但不能因此而耽误另一项必办工作的完成。于是，可以这样标注，"e-mail 客户"是今天待办的优先工作，但我不会因为这事没做完而加班。

"待办的优先工作"栏位于待办工作列表顶部，提醒你有精力时提前完成它们。如果你使用的是 Outlook，我建议你可以这么做：在 Outlook 里设置一个"普通优先级"工作，前头写上今天的日期。这样一来，这类工作就会加上下划线，置于普通优先级工作的顶端了。如图表 6.2 所示，这样显示就很清楚，方便浏览。

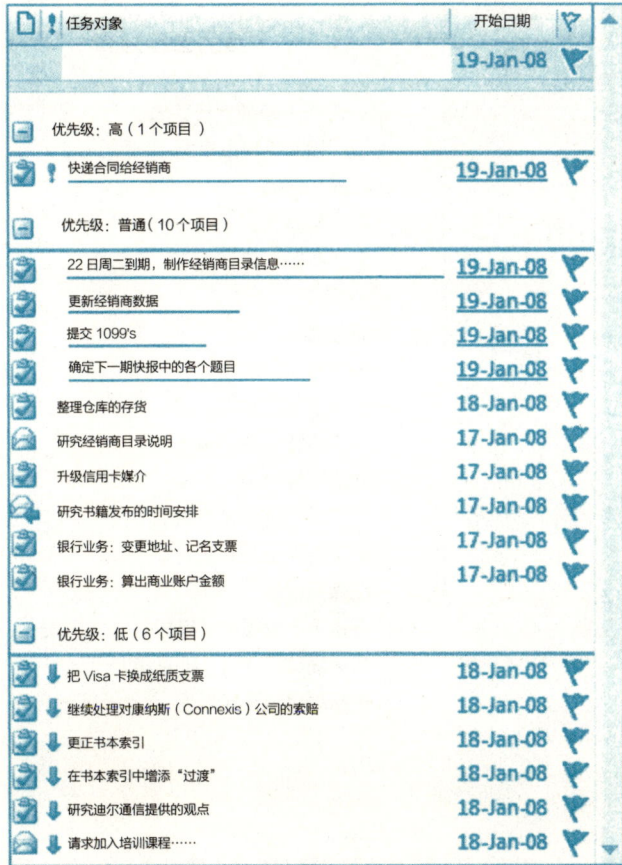

图表6.2　Outlook 中的"待办的优先工作"区域

　　如果使用本书介绍的纸质流程表，你可以登录我的网站，网站上提供模板下载和打印，同时还有适用于 MindManager 版本的模板。

<table>
<tr><td></td><td>

当前工作列表

必办工作（必须当日完成）
– 设计稿发给玛丽审阅
– 完成书评稿
– 安排与苏珊娜见面
– 电话泰德：关于印刷报价事宜
待办工作
┌─────────────────────────────┐
│ **目标任务**
│ – 准备备用印刷报价
│ – 研究合资企业的机遇
│ – 电话多娜：书评事宜
└─────────────────────────────┘
– 敲定面谈时间
– 寻找做印刷媒体的人
– 确定新网站 url
– 创建报价表
– 安排下一阶段的文字编辑
– 和佩妮讨论 YouTube 策略
– 更新项目日程表
</td></tr>
</table>

目标任务 ⎫
　　　　⎬
　　　　⎭

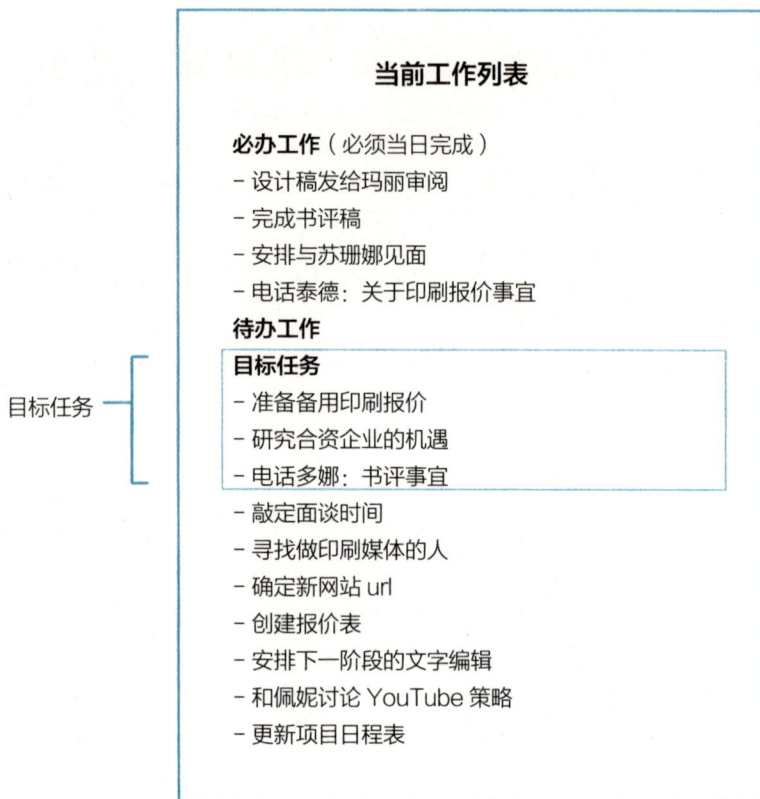

图表 6.3　"工作流程表"（升级版）增加"待办的优先工作"栏

千万别乱设工作期限

曾有人提出这样的理论："必须给所有工作设定期限。不设期限，工作便无法完成。"这让我想起以前认识的一个人，他把手表往前调了十分钟，以为这样可避免会议迟到。但实际上，这个办法只管用了几天，后来这个人自己的意识也做了相应调整，把时间错后了十分钟，他又开始迟到了。设定不真实的完成期限，与调表的行为无异。最后当真正的期限摆在眼前时，你意识不到它是真实的，也会无例外地跳过。

但是，这不意味着确实有完成期限的工作你也不去设定期限，尤其是客户或老板交给你的工作。设定期限可把日期写在工作前面，如"8 月 4 日截止，销售报告"。每天早上第一件事就是把即将到期工作移到必办工作列表，这样便能确保当天完成。

是的，工作总会越堆越多

尽管我自己当老板，但要做的事总是赶不上进度，于是工作越积越多，无法消化。我认为你们跟我一样，如果有一个或多个上司，那结果就更糟。上司和客户会不断有新的工作要你去做，而且你自己也会经常有新的工作要完成。如此一来，很可能在你正着手一项"待办工作"时，其他紧急事项出现，让你不得不把工作往后推迟。

日复一日，列表中停留着没有完成的工作，每天还有新工作添加进去。很快，"待办工作"表中的工作数量就爆棚了。

待办工作不要超过"20 项"

面对那么多工作，看着就令人泄气。我建议，20 项待办工作是合理的上限。

通过删减来管理工作，这一步必须得做。这不等于说一旦"待办工作"到了 20 项，就得停止往里添加工作了。不是的，工作还得继续，动手把手头的和新的工作按优先顺序排一排，确保留下的是优先级最高的 20 项，将多出的工作陆续移到"视限外的工作"区域。

高效能 4D 系统：Do(执行)，Delete(删除)，Delegate(授权)，Defer(延迟)

如果你以前学过时间管理，大概就知道把工作移至"视限外的工作"区域，其实就是通用的工作管理 4D 系统的其中一个 D——Defer（延迟）。

我们就来简单介绍一下这 4 个 D，让大家对该系统有个完整的概念。

执行工作（Doing Tasks）

通用的 4D 方法的第一个 D，是执行工作。选择执行哪些工作自然重要，不过你寻求的是精简工作列表的方法，因此在减少工作这个目标上，执行工作法则起不到太大作用。

删除工作（Deleting Tasks）

工作如果没有意义，就像失去了生命，自然就得从列表中删除。但是，据我个人经验，极少工作会在早期阶段被删除。

授权工作（Delegating Tasks）

如果能授权相关人员或者团队成员处理工作，授权不失为一种好办法。但这样做需要你去跟踪，最后还是要为工作负责。

延迟工作（Deferring Tasks）

最后一个 D——延迟工作，是唯一能用来有效缩减庞大的工作列表的法则。4 个法则中，延迟是最有效用的。

不过要记住，如果你打算延迟老板或上司分配的工作，或者是你答应客户的工作，应当征得其同意。如果你所有工作都听从上司指示，那你可以把流程表摊在对方面前，征询有哪些可以延后处理？如果上司分配给你的工作确实超负荷，这便合理地把负担转给了他们，让他们来帮你安排工作的优先顺序。

经常检查流程表，才不会有压迫感

"待办工作"区域至少每日一查。有些工作在列表中停留时间过长，一直没有得到处理的话，就会让工作陷入混乱。对人的幸福感破坏力最强的往往是未知或定义不明确的工作。将列表内容减至 20 项以下，才能保持工作可以看得清楚，不至于产生压迫感。

一旦"待办工作"超过 20 项，你就把最不急的工作放到"视限外的工作"区域里去。我将这一步骤称为"把工作抛到视限外"。

策略性延迟

累计已完成　已完成

抛到当前视限
外的工作

T 任务
M 会议

计划检查

T T T T M T T M T M T

当下　　　时间

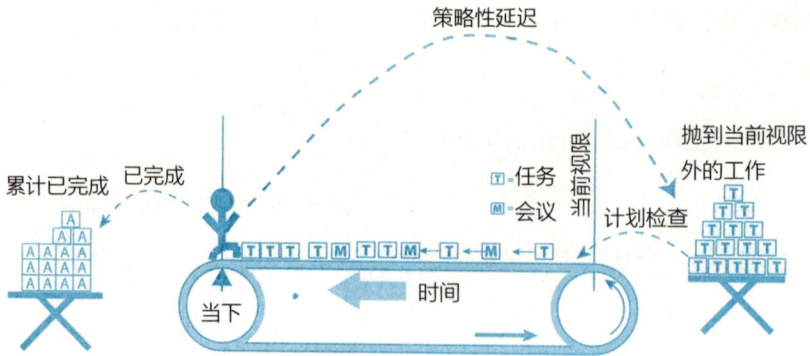

图表 6.4　把工作抛到视限外

把自己假想成 CEO

我们有时候听说某 CEO 决定推迟公司正在开展的项目和研发的产品。CEO 通常是这么说的："这么做是为了让公司把更多精力放到核心竞争力上来。"CEO 总是被赞誉为"具有战略眼光"，或是能"在艰难时刻做出决策"。通常不会说 CEO 是"拖延工作的人"。

你手头确实有很多工作要做，于是把某些工作延后时，别觉得自己软弱拖沓；相反，你应当认为自己做出了战略性决策，把自己看成是主宰自己工作时间的 CEO。

有个常被引用的小故事：离开人世前，你躺在床上，被问及如果还有时间，希望做什么事时，你一定不会回答"希望在办公室干更多的活儿"。这个故事说明，与生命相比，工作的优先性太低了。

我讲这个故事的用意在于，一项大型计划中，通常多数工作都是有弹性的。有些事情延迟做，是为了让你专注于最重要的工作，不被琐事分心。

延迟待办工作的策略

在解决方案中，有两种策略性延迟：一是延迟做，二是延迟查。

举例来说，比方你有一项工作是"完成周报"。你心里想着这件事，把它记录在周二的工作列表中，但完成时间截至周五下午。你清楚写这个报告花不了多久，周五时间又比较富余，于是你打算周五才写，之前就不想再去操心这件事情了。事实上，由于这是一份周报，也得到周五才能收集充分的资料。

如果你用的是 Outlook，只需将时间设定为周五。这项工作就会沉下去，直到周五早上才会重新出现在列表顶端。

假如你不用 Outlook，那就随身携带一份纸质的月度或每周日程安排，把工作写在周五那一页就可以了。

如果你使用活页计划册，则采用我前面提过的方法：将延迟做的必办工作写在工作表上半部分，延迟做的待办工作写在下半部分（如图表 6.5 所示）。注：可登录我的网站 MasterYourworkday.com，下载计划册活页模板，它能让你如虎添翼。

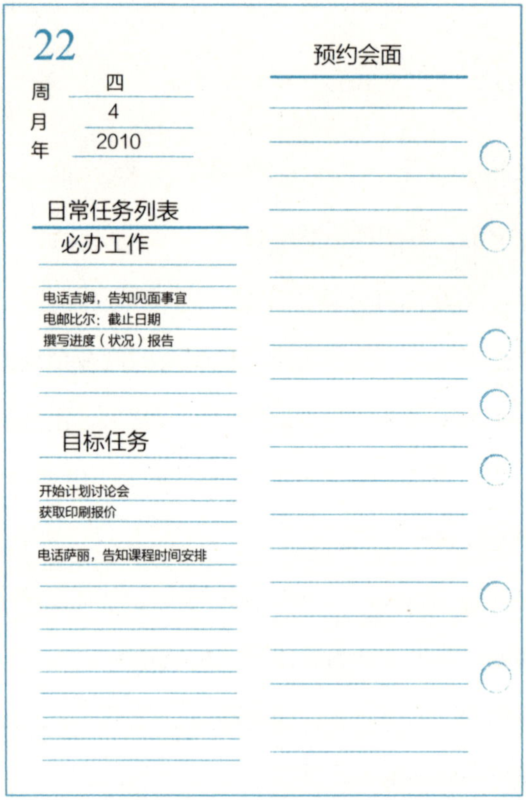

图表 6.5　可选性日常计划活页

学会延长工作的检查周期

　　要管理延迟待查工作，就必须引入"延长检查周期"的概念。例如，我有一项工作——重新设计文件归档系统。这是个做起来费时又费力的工作，我会不时地思考设计，灵感涌现的时候就记下来。因此，我把检查周期设定为 3 个月。

如果使用 Outlook，则把工作的开始日期设定为 3 个月以后。根据我的 Outlook 使用设置，这项工作就会隐藏起来，直至 3 个月后，开始日期临近时，工作会跳出来，提醒我到时间检查工作了。

纸质流程表则不一样。解决方法是创建多张"视限外的工作"表。我们也就进入了"工作流程表"的高级版。以下是具体操作方法。

第一页标题"视限外的工作，每周检查"。

接着按照检查周期继续添加页码，一张比一张的周期长。比如，第二张纸可以这样写："视限外的工作，每月检查；下次检查日期。"空格中填写日期，可以设置为大约 1 个月以后（见图表 6.6 中依次叠放列表的第二页）。

随后的视限外的工作列表页，可以使用同样的标题，唯有检查周期不一样。具体确定什么周期，这一点由你自己决定，不过可以考虑一下 3 个月、6 个月、9 个月、12 个月的周期序列（图表 6.6 使用的正是该序列）。列表页模板在我的网站 MasterYourWorkday.com 上也可以下载，搜索 Workday Mastery To-Do List, Level 3 即可。

视限外的工作，每 12 个月检查一次
下次检查日期：2011 年 3 月 7 日周一

后面这些列表页是可选的，使用延长检查周期方法时会用到。

视限外的工作，每 9 个月检查一次
下次检查日期：2011 年 12 月 5 日周一

视限外的工作，每 6 个月检查一次
下次检查日期：2010 年 9 月 6 日周一

视限外的工作，每 3 个月检查一次
下次检查日期：2010 年 6 月 7 日周一

视限外的工作，每月检查一次
下次检查日期：2010 年 3 月 1 日周一

至少要有张每周策略性延迟任务表。

视限外的工作（每周检查）

- 查询活版印刷方法
- 制订国外许可授权方案
- 找人油漆房屋
- 找设计师设计新办公室
- 安排与街道规划委员会会面
- 确定"迎春派对"的地点
- 制定发票开具流程手册
- 找文字编辑负责通讯简报的工作
- 邀请保险业务员参加下次月度会议
- 确定临时雇员的最佳来源
- 下一季度的招聘计划
- 电话家得宝询问大宗购物
- 会议室家具：更换
- 安排与执行委员会见面：规划
- 为图书室买书
- 安排莎莉负责图书印刷事宜

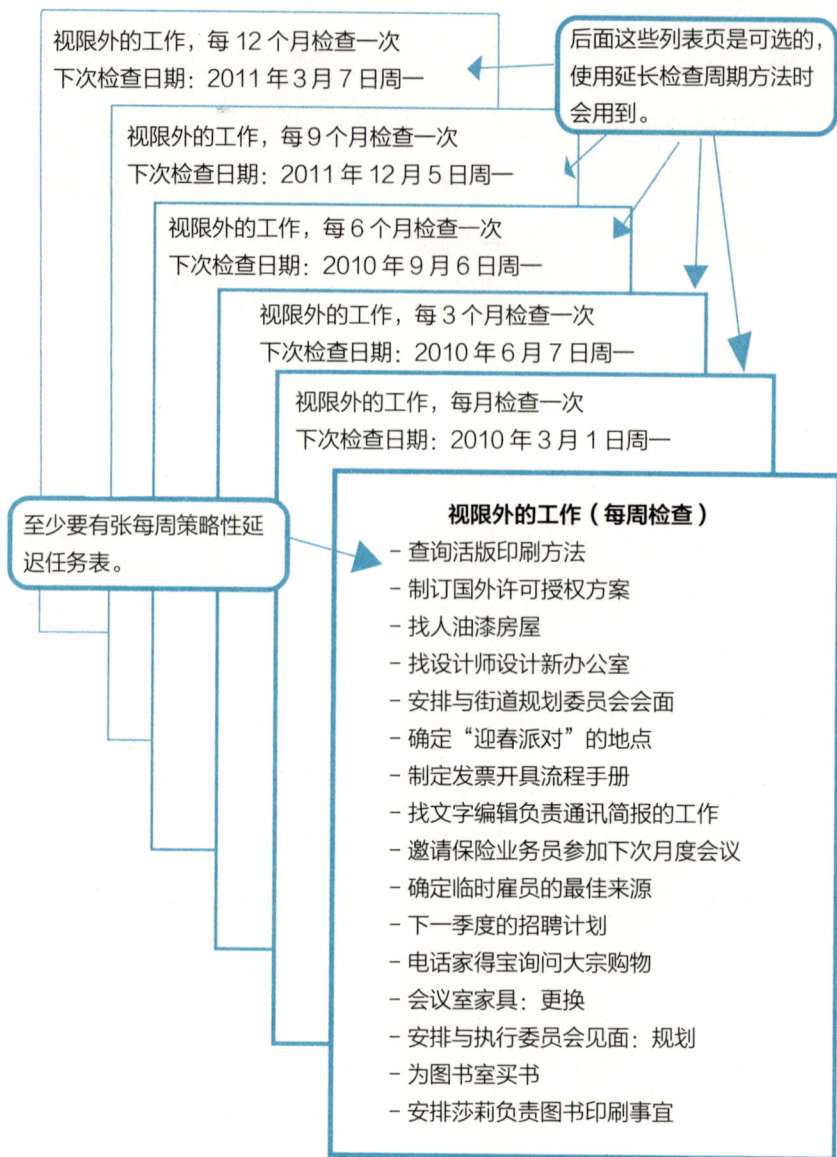

图表 6.6 视限外的工作列表页：延长检查周期（高级版）

延长检查周期的实际操作非常简单，其作用都是巨大的。有了它，每周任务检查的工作量小了许多，也容易了许多。通过使用延迟待查方法，重要性低和时间要求不高的工作都被移走了，再也不用每周重复检查那些提不起你兴趣的工作了。

已有无数使用者发来 e-mail，说这个办法把他们从失去控制的时间管理系统中拯救了出来。工作流程表（高级）的模板在我的网站也有下载。

拿不定主意的事情明天做

许多工作可以删除，这个事实说明：我们列出来的多数工作生命周期非常短暂，它们的重要性会迅速衰减。所以，我们在为某件工作焦虑不已时，要学会问自己：我一周后还会在乎这件事吗？如果答案是否定的，就要学会去调适自己的心态。

英国作家马克·福斯特写过一本书，书名叫作《不抱怨时间——谁说重要事不能明天做》。书中他提出我们在工作中易过度反应，给事情安上毫无根据的重要性，只是因为这些事摆在眼前。

福斯特给出了一个解决方案：拿不定主意的事，明天再做。他说，有些工作会让你犹豫不决，好的办法是应当把它晾在流程表里，等到第二天再拿出来重新思考。经过这一过程，多数工作没必要再做。多数人立即行动的事情，实际上是没什么执行依据的，尤其是和已经在工作表中列出来的工作相比，其重要性都是想象出来的。

许多人在低价值的 e-mail 上浪费时间，就是一个典型的例子。

收到邮件马上打开阅读，立刻为之兴奋，然后每天花上几个小时回复各种邮件，很忙却没有什么收获。而有策略地延迟，与我们之前谈及的"日事日清"并不矛盾，因为推迟到明天做的事情，只是你实在拿不定主意的那部分，与其在左右为难中任由时间逝去，不如抓紧时间把能定夺的工作赶紧做完。

为何我们总为"小事"抓狂

造成这种状况的原因有两个。一是情感原因。看到工作在眼前出现，即便事情再琐碎，我们内心也容易产生需求，最后经常导致不必要的行动。

另一个原因是"快速命中"给人感觉非常棒，它们能带来成就感。不幸的是，分配给我们的许多工作，都得经过长久努力才能取得成功。因此，渴望快速成功的时候，我们便会去处理许多看起来马上就能完成的"小事"，希望体验到"快速命中"的快感。

一开始看到工作时就能分辨其紧急性，往往不太可能，因为情感会影响判断。所以，马克·福斯特主张应当先把工作冷静地列出来，而不是马上就去做。

我的首要原则是，如果一项工作需要花上两分钟以上的时间，那就别马上去做，除非确实紧急。延迟能让重要性消减，露出事物本来的面貌。这么做能让你不再为"小事"抓狂，能节约出更多时间来完成其他工作。

不再为工作焦虑，这样做就够了

首先，学会问自己，我的焦虑能给工作带来什么转机呢？仔细分析完后，你会发现，焦虑不但于事无补，而且更容易把自己往"泥潭"里推。其次，记录下自己一周，甚至是三个月来所焦虑的一切事情，得出一个焦虑清单，看看你所焦虑的事情到底有哪几件真的发生过？针对确实发生的不幸，想出好的应对之策。再次，有意识地去做一些你为之焦虑，但是又一直逃避去完成的事情。比如你很害怕跟某个领导打交道，就要学着发现他的长项，多跟他沟通，请他给你提一些指导建议，这样才能克制心魔，让工作得以顺利推进。

最后，在面对一件容易失控的工作时，问自己可能出现最糟糕的情形是什么，提前做好心理预案，一旦出现了失控的情况，你才可能从容面对。

小结

往"必办工作"区域添加工作时必须留神，确保列表只有3-5项，而且确实很紧急，必须当日完成。

多数工作没有完成期限的限制。对于有期限的工作，可使用期限标注来重点显示，如：截至4月4日，提交销售报告。等交报告的期限到了，就把工作移到"必办工作"区域。

保持待办工作不超过20项。最好的办法是运用策略性延迟法，把不重要的工作移到视限外的区域。

策略性延迟分两种。第一种方式是把所有过量工作塞入视限外的工作页面。不过，另外一种方式更好：即将工作抛到视限外的区域之前，先为其标上合理的检查周期。"视限外的工作"列表可增加到四五页，每页检查周期不同，一页比一页周期长，最长到 12 个月。然后根据列表页上设定的检查周期去检查并重新衡量各项工作。

事情缓一缓再做，能让你有时间思考这件事对你有多重要，避免进入"假装很忙"的误区，也会让你不再为琐事抓狂。

CHAPTER 7

第七章
做好工作管理，才能提高效能

在采用有效的工作表前，许多人喜欢用日程表来记录跟踪工作，但是常常还是焦头烂额。

比如，我一个朋友，她把当天所有工作都记录在日程表上，连同各种预约一起。我问过她，如果完不成工作她会怎么处理。她说，把工作移到次日，工作时记得提醒自己看一看前几天的工作。她告诉我有时候她会犯错，一下子漏掉好几项工作，惹得顾客大为光火，但她没发现什么有效的改善方法。

我还有一个朋友，他的日程表细分到小时，他给当天每一项工作都设定了开始时间。我问他是否真的根据计划时间工作，他说没有，他会跳过其中大量工作，因为很多工作有难度，在规定时间里根本不可能完成。

这两人用的都是日程表，但效果不好。因为各种工作没有排出优先顺序，而且太多太杂，往往把好几周后才到时间节点的工作一股脑都列在上边。

戴维·艾伦的"下一步行动"方法

拥有一张满满当当的工作表，却无法付诸行动，没有比这更糟糕的事情了。用戴维·艾伦的"下一步行动"方法，就能避免这种局面。他要求使用者检查"待办工作"清单，边查边自问："我要完成这项工作的话，需要做出什么实际行动？"这样做的目的是尽可能确定出最独立、最有意义的下一步行动。这种方法能更有效地激励人们行动，清除总是不能完成的工作。

以下是几条合格的"下一步行动"工作：

· 电话给弗雷德要新的会议日期

· 电邮詹姆斯关于 IBM 提案的事情

· 编辑销售会议记录概要

注意，以上每个例子都包含一个动词，你一定要把行动确定下来。所以我建议你在列工作时，都写成下一步的格式。也就是说，不仅有具体的名词，如"销售数字"或"记录概要"。使用动词时，还要避免宽泛的用语，例如"审计过程"。必须分解到每一步，这样描述最好："收集账单以便审计时用。"你在忙碌中看到一项描述不清的工作，得花一两分钟才能确定到底要干什么，这小小的迟疑可能就导致你直接跳过这项工作了。

对于比较复杂的工作来说，也是这样。只在列表中列出下一步行动，别把达成目标的每一个连续步骤都填进去，否则列表就会臃肿不堪。

工作一定要具体再具体

大部分管理学书籍认为：首先得描绘出个人使命、愿景和目标，然后制订相应的工作计划。可惜多数人甚至连每天的小小工作都无法及时完成，哪里有时间去顾及更大的目标。理想状态下的目标和工作是重合的。许多销售职位的激励机制便是基于此而建立。但除非你从事销售工作，或自己当老板，不然多数甚至所有日常工作都不会直接与目标关联。

接下来一定会有人问："如果我确定了目标，那需要将它放进工作表中去吗？"举个例子来说，应当把"提升管理能力"或"增加销售额"这样的描述放进工作表吗？当然不能。它们的描述过于宽泛，列入表里的应当是为了达成目标的下一步行动，比方说"约行政部做个人培训"，或者"完成客户要求的策划方案"。

将所有的工作归于一处

一切特定工作、一切与目标和项目相关的下一步行动、来自 e-mail 的工作、与会议相关的工作，以及电话里的工作，所有这些都可以放进工作列表。

事实上，有件事情对于赶在时间前面最为重要，那就是把所有特定工作汇集到一份工作流程表中。其他零碎的记事工具都不要继续使用了，例如随手记录事情的纸张、贴在电脑屏幕上的黄色便签、笔记本撕下的纸张等。

如果不把工作集中在一起，你还得花时间去检查、重新翻找各种便签、纸张，无法快速看一眼就知道哪些工作是今天要做的，哪些不是。更重要的是，一天工作结束时，你却搞不清楚是不是可以一身轻松、潇洒地离开办公室。还记得之前比较过的纯种狗和野蛮鲨鱼吗？训练有素的区别就在于目标——此处就是你想清楚知道还有什么工作没有完成。

操作中有几处小陷阱需要警惕。例如，所有人都愿意把重要信息存在 e-mail 收件箱里，想着晚些时候回头再来处理。可这等于给待办工作又建立了一个存储之家，鲨鱼又回来了。一收到邮件，马上将其中明示或暗示的工作，放到流程表中。养成这个习惯，能让工作中的紧张感得到充分缓解。

千万别光用脑子记工作

所有优秀的工作管理专家一致建议：好记性不如烂笔头。流程表摊在眼前，实实在在看到了，才可能将整天在脑子里跳来跳去的工作进行过滤、延迟或取消。"想到什么就做什么"的工作方式，最终会把你拖垮。

最具破坏力的是那些你不记得但又确实存在的工作。长期以来的研究表明，人类大脑同时能清楚记得的事情至多六七件而已，超过的就模糊不清了。正是这种模糊不清导致并增加了人的精神压力。一些人会觉得，许多工作还没做完，晚上回家或周末很难放松。许多客户也反映，把脑子里记着要做的事情，写到一个清清楚楚看得见的地方，真是如释重负。

告别拖延症的好方法

所谓拖延，就是缺乏对自我的管理，不管是情绪还是时间上都一塌糊涂。拖延症是上班族最大的困扰之一。当需要在两个工作之间做出选择时，有拖延症的人往往宁愿选择不太紧急的那一个，虽然那项工作更繁重，但拖延让他们更有愉悦感。他们永远把事情拖到最后一刻，然后在懊恼和抱怨中急急赶工。

克服拖延症有以下方法：从眼前的 5 分钟开始做起，不要想着 1 小时、半天后再开始；不要害怕，很多工作只是看起来很繁重、难度很大，你真正开始做了之后，会发现其实没有那么难；摆脱完美主义，不要以把事情做得更完美为借口而迟迟不肯动手，一点错误都不犯是不可能的；每天早上至少完成一件你最不想做的工作，其余工作你就会在轻松的心态下完成；不要一边开着窗口闲聊一边工作，或者分散精力同时做四五件事，你不是超人，"一次只做一件事"往往能让你效率翻倍；不要抱怨工作环境太差，马上行动，别等咖啡泡好、音乐调好你才开始动手，告诉自己"多做一分钟不会死"；别再用"希望""可能""但愿"等给自己留后路的词，这些词只会加重你的拖延症；完成一项工作给自己一点奖励，送自己一本书、一盒点心等，以激励自己继续前进。

学会说"不",不要当好好先生

你明明很忙却还被邀请参加无关痛痒的会议,上班时间家人打电话过来跟你聊天,手头一大堆活儿同事却拜托你帮他完成个紧急工作,明明已经下班客户却突然分派额外的工作……对同事说"不",对家人说"不",甚至对客户说"不",是你必须学习的一课。你不要担心会不会跟同事的友谊就此终结,会不会造成家人情感的疏离,会不会因此丢了工作,只有学会拒绝,你才能真正地将自己解放出来。你害怕说"不",主要是因为:不想让他人失望、不想丢面子、不愿意争论、无法坚守自己的立场。事实上,在适当的时候说"不",是成功者的必备条件,有时候更能赢得别人的尊敬。

下面提供几个建议:首先,拒绝要及时,如果你拖了好几天,结果还是回绝了对方,造成的情感伤害反而更大,会产生更多不必要的误解;其次,寻找最可行的解决方法。如果你没有足够的时间去接受被委派的工作,你可以部分同意对方的请求,并请他给你足够的支援。比如对上司说:"我今天的事情太多了,能不能转移一些我的其他工作?或者再请另外一个同事协助我?"最后,如果是面对客户,你可以进行合理的解释,并协调出解决方案;如果是面对同事,你最好指导他自己去完成,或告诉他目前谁有时间能帮忙,不要强迫自己充当救火员,也不要说太多抱歉,因为这样做,对方只会继续质疑你的态度。就像管理学中常说的,困扰你的不是说"不"这个行动,而是说"不"带来的结果让你深深不安。职场是以结果为导向的,只有勇敢说"不",才能让你把精力放在最重要的事情上。

不要为各项工作设定时间

我会在一项比较费时的工作（比如两个小时以上）快到期时，而且找时间完成这项工作有麻烦时，才会在日程表上划出大块时间来，设定某个时限完成它。那为什么不给在流程表上的每项工作都设定时间呢？比如，上午 9 点到 10 点做周报，10 点到 12 点做销售总结，你心想"既然安排了就会完成"，是不是？

我有三点理由不建议你这么做。第一点，如果有其他重点事情或者突发灵感，比如你在和客户通电话，而你的流程表上却写着这个时间段应当干其他的工作，你一定不会因此而挂断客户电话的。这意味着你得重新安排工作，但重新安排很麻烦，于是，你便会顾此失彼，甚至可能直接将其删除。

第二点，你采取的下一步行动，其实都是分解下来的较小的工作。即使实际所需时间没那么多，你也会习惯性地把设定的时间段填满，节奏放慢，或者看到时间还有富余就打个电话跟朋友闲聊、在网站看看八卦新闻，这样便造成了效率低下。

第三点，完成一项被指派工作的最佳时机是不断变化的，为了把握这个机会，你会改变各项工作的优先顺序，比如你早上写客户提案感觉精力最充沛，如果在下午进行就会被各种琐事打搅。所以，给每项工作设定固定的时间，只会让自己束手束脚。

神奇的番茄工作法

前面说到不给每项工作设定时间，但你又害怕长时间沉浸在一项工作里，没法控制工作效率，这时候推荐你用番茄工作法，它没有死死限定每项工作的时间，假如你某项工作一个番茄钟完不成，下一个番茄钟还可继续做。它能让你工作节奏感更好，避免产生厌倦情绪，不至于在拖拉中耗费时间。番茄工作法是弗朗西斯科·西里洛创立的一种相对于 GTD（英文 Getting Things Done 的缩写，源自戴维·艾伦的畅销书《尽管去做》）更微观的时间管理方法。在番茄工作法一个个短短的 25 分钟内，不仅仅能让你收获效率，还能让你有意想不到的成就感。

实践方法如下：设定你的番茄钟（定时器、软件、闹钟等），时间是 25 分钟。开始完成第一项工作，直到番茄钟响铃或提醒（表明 25 分钟到）。这时你停止工作，并在列表里该项工作后画个 ×。休息 3 - 5 分钟，用来活动、喝水、方便等等。开始下一个番茄钟，继续该工作，一直循环下去，直到完成该工作，并在清单里将该工作划掉。每四个番茄钟后，休息 25 分钟。

在某个番茄钟的过程里，如果突然想起要做什么事情，非得马上做不可的话，停止这个番茄钟并宣告它作废（哪怕还剩几分钟就结束了），去完成这件事情，之后再重新开始同一个番茄钟；不是必须马上去做的话，在列表里该项工作后面标记一个逗号（表示打扰），并将这件事记在另一个清单里（比如叫"计划外事件"），然后接着完成这个番茄钟。如果你用的是智能手机，建议搜索下载一个好用的"番茄钟"软件，这样就不会让工作经常被琐事打断，无法安心完成手头的活儿了。

不会用移动设备，就 OUT（过时）了

许多人使用移动设备，把浪费的时间充分利用起来，例如搭公车或等电梯的时间。如果这些移动设备能很容易和 Outlook 同步，而且你也正在使用 Outlook 系统，那最好不过。

此外，Evernote（印象笔记）是非常好的工作管理软件，你可以用它记录一条文字信息，保存一个网页，保存一张照片，截取你的屏幕，当然策划和管理项目也很出色。它强大的"关键词"搜索功能，能让你快速找到存储过的信息，帮助你与电脑以及纸质工作表同步，比如想找到存储过的某张名片的信息，只要搜索对方的名字就行，所有与之相关的资料都会显示出来。看到有用的内容都用手机拍下来，或者随手写的笔记和草图、一些记录在纸条上的信息，都可以存储到软件里，以后再进行分类，甚至可以通过分享功能给同事们和客户发送邮件。不妨尝试下好了，建立起一套移动设备工作表。

明确责任是团队协作最重要的一步

明确责任可保护你不会因同事或员工不交活儿而遭遇"开天窗"。团队协作常常出现的结果是，讨论完项目后，分不清到底由谁来负责。大家觉得既然是团队讨论，后果当然由团队来承担，都希望这个责任不要落到自己头上。所以，在讨论阶段，就应该明确谁负责项目的哪一部分，什么时候完成，只有分工到位，明确责任，才不会出现后期相互扯皮的状况。

此外，在你的团队中，有没有人经常答应要完成某些事情，但却

从来不曾按时完成的？问题在于，你通常会不记得那些安排，直到期限即将截止才突然想起。然后你就会埋怨自己没有早点提醒他们，没有循序渐进地推动工作进展。

无论是正式授权，还是他人对你的简单承诺，如果你希望其完成或兑现，就必须不断跟进，鼓励他们前进。有时候，人们会说要做什么事，事实上他们也是真有心做，但是很快将其忘到九霄云外。还有时候，人们只不过是想敷衍一下，摆脱唠叨而已。如果你有一个自动机制，能提醒你和对方确认，保证他做到答应的事情的话，岂不很完美？

带队伍是一门讲究的艺术

为了避免工作相互扯皮，谁也不想承担责任，一个人答应你某件事的时候，当时就要把他的名字记录下来；然后把这件事写入"待办工作"，标上适合跟进的日期。填写时，在标题或负责人名字前写一个 F，代表跟进（Follow-Up），例如："F：汤姆——给我规划部门的文件。"然后，当该项工作移至"必办工作"的时候，就进行跟进；电话或电邮执行者，提醒他们把工作完成。

首先，在委派工作时，不要把"热土豆"式的工作分派出去。"热土豆"是指上司非常感兴趣的、需要你当下去处理并反馈的工作，这样的工作委派给他人，往往会让你陷于被动。其次，要选择能够胜任工作的人。要根据下属对工作的理解程度、完成的速度、时间观念等综合考量，不要匆忙安排出去，最后追悔莫及。再次，要给下属解释清楚工作的性质和目标，很多时候，你理解的对方不一定理解，所以要提前确认信息没有遗漏，并规定好完成工作的期限。最后，要及时跟进下属的工作进展情况，不要到截止日才去"救火"。总之，合理委派是一门艺术，最终目的是为了提高工作效率。

高级别的工作（SOCs）

建议在当前工作列表中只列下一步行动工作，较大事项切勿放在其中。我将这类较大事项称为"高级别的工作"，或直接简称 SOCs。这些通常是你要交付的成果比较大的工作（如长篇报告），而且你在各种会面和特定工作之间抽空积极地在干着。

每周完成一部分重要 SOCs，会让你感觉格外满意，因为这样能提高信心。如何在流程表中记录 SOCs 是件挺让人困惑的事。仅将它们列为待办工作的话，似乎对其不够重视。但 SOCs 又不属于任何一天的必办工作，归到必办工作部分也没道理。你需要某种方法，给予 SOCs 一个整体上的关注——在指定的一两周内，将注意力放在完成这些工作上面。

关于如何标示 SOCs，我推荐两种方式：

第一种，如果你使用月日程表或周日程表，可以把 SOCs 作为横跨一段时间（比如一周，或更久）的横幅式标注。在 Outlook 中，类似的方法是在 Outlook 一周日程表中创建一个连续的横幅式标注。图表 7.1 显示了在月度日程表中标注出 SOCs 的具体样式。

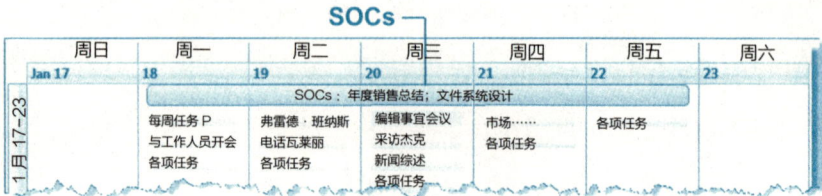

图表 7.1　在 Outlook 中标注高级别的工作（SOCs）

　　另一种方式是用于纸质流程表的，在纸质周工作列表系统的当前工作页中增加一个新的部分，标注为 SOCs，将其置于"必办工作"之前（参考图表 7.2）。相较第一种流程表方式，我更倾向于使用第二种纸质方式，因为这种方式与流程表衔接较好。高级版的流程表包括新增加的 SOCs 部分。

　　切记同时应把与 SOCs 对应的所有下一步行动列入"待办工作"列表。

当前工作列表

SOCs —

高级别的工作（本周完成）

- 销售总结年会
- 文件系统设定

必办工作（必须当日完成）

- 设计稿发给玛丽审阅
- 完成书评稿
- 安排与苏珊娜见面
- 电话泰德：关于印刷报价事宜

待办工作

目标任务
- 准备备用印刷报价
- 研究合资企业的机遇
- 电话多娜：书评事宜

- 敲定面谈时间
- 寻找做印刷媒体的人
- 确定新网站 url
- 创建报价表
- 安排下一阶段的文字编辑
- 和佩妮讨论 YouTube 策略

图表 7.2　增加了 SOCs 部分的流程表（高级版）

SOCs 相当适合用来设置期限

　　SOCs 任务非常适合设定完成期限。那如何标示日期呢？最佳办法是把日期直接写在 SOCs 标题行中，纸质系或 Outlook 均适用。例如，"3 月 7 日周五截止，季度报告"。

在这里还得用上 SOCs 里程标，它用于标明高级别的工作的重要期限。举例来说，可能你有一项 SOCs 任务"制定培训手册"要完成，与其相关的期限有好几个，其中最主要的一个是交手册的时间。那么，在纸质日程表上，就得列出来这个最后期限，在截止日那一天写上"交付培训手册"。

不过，相比纸质日程表，几乎所有电脑上的日程表都具届时警示功能，所以我推荐你把这些期限输进电脑日程表。在 Outlook 里，这种警示功能被称为"提醒"。你可以按照个人喜好，将提醒设定成提前好多天，这能给你足够的提醒，让你在即将截止的期限到来前有充分准备。

小结

本章讲的是更高层次的策略，适用于每天的工作。

最好把所有工作都列在"工作流程表"中，这么做大大降低了忽略某些工作的风险，各项工作的优先顺序也一目了然。

强调了下一步行动的好处——下一步行动有助于推动工作进展，只需要大的工作分解，变成简单到一下子便能完成的工作。

提供了对抗拖延症、学会说"不"的一些方法。此外，你不是超人，不可能所有的工作都自己完成，本章提及了跟进工作和如何授权的办法。

最后，提到了如何标示高级别的工作，即 SOCs。通过这些标注，你就能每周都在宏观上留意工作的完成情况。

CHAPTER 8

第八章
对付 e-mail 上瘾症，摆脱干扰

让人抓狂的 e-mail 洪流

我发明了一个用语：收件箱压力。指的是看见
爆满的收件箱时，在心中油然而生的下沉感。那么
多 e-mail 还没打开看，那么多未完成的工作等着
做，想到就觉得可怕。

E-mail 的存在原本是为了提高工作效率，事实
上却令我们的工作更辛苦了。相比只有电话和面对
面会见的年代，e-mail 给每天的工作带来了更多的
业务互动，但额外的互动意味着付出额外的工作。
因为 e-mail，我们的工作比从前更忙了。

调查显示，工作过程每受到一次打断，都需要
好几分钟时间才能恢复。我建议，需要的话可以关
闭 e-mail 通知功能，防止工作不断被打断，e-mail

可以每小时查看一次。

别收到 e-mail 就马上行动

除非工作实在紧急，否则不要一读完 e-mail 就采取重大行动；应当将相应行动迅速添加到工作列表中，接着继续查看邮件，浏览所有新邮件，直至最后一封；然后按照当前工作列表完成工作事项，无关的邮件则从收件箱清除出去。

许多人在收件箱收到行动请求之后，会立即付诸行动，认为这么做是积极主动的表现。可问题是我们每天收到的 e-mail 实在太多，每封 e-mail 均如此对待，就会耽误其他重要工作。另外，收到 e-mail 就马上行动，我们还可能先做了低优先级的工作。也难怪一天结束时，重要的工作还没完成。还有些人会索性先撇开大多数 e-mail 行动请求，但之后还是得在收件箱中搜寻出重要邮件来处理，这下就要花上好几个小时了。

解决方法是：把需要行动的 e-mail，转换成工作列表系统中排出优先顺序的工作事项，然后继续往下浏览邮件。之后，你再运用工作列表系统，将这些从 e-mail 来的工作和其他工作任务集中在一起，按照优先顺序一一处理。结果，你会发现许多 e-mail 并非那么紧急，最后就能将其延迟或删除。只有对待重要事项，才需要一开始就采取行动。

如何将 e-mail 转换为任务

在邮件系统中建立一个新文件夹，或目录，或标签，命名为"任务邮件"。收到一封带任务的邮件时，将该邮件复制至新文件夹（或目录，或标签），然后在邮件前编一个任务号（浏览任务时能很容易看到下一编号的任务）。编号可写在复制邮件的标题行之前（在 Outlook 里，打开邮件，点击标题行可以输入；看起来似乎不能编辑，但实际上是可以的）。不过，如果你使用的邮件系统无法编辑 e-mail 标题行，那就试着找别的可以输入任务编号的地方，但任务编号得能显示在 e-mail 列表页面上才行。不管何种情况，在往纸质任务列表中添加任务时，得同时写上任务编号，前面加字母 E——如 E121——加在任务名称或标签前。采用这种办法，之后处理任务时，到任务邮件文件夹中找邮件参考详细信息就方便了。

无法输入任务编号怎么办？

如果你用的邮件系统是类似 Gmail（Goole 的免费网络邮件服务）这样的，根本无法在邮件中输入编号，那给你两个选择方案。一个是回复邮件，收件人写本人；回复的时候，邮件标题是可以编辑的，这时候加上任务编号。另外一个是，把 e-mail 的日期和时间写进纸质任务列表中，写在任务标签上某处，像这样写：

E2010-12-16-2:40PM；或者这样写：使用 24 小时制，E2010-

12-16-14:40。当然输入的内容越少越好。不过我还是要说一下，做这些都是为了让你处理任务时能找到对应的 e-mail。如果 e-mail 格外重要——比方说，含有路上用到的详细信息——这类少有的情形，也许应当把邮件打印出来随身携带。

最后，如果 e-mail 确实紧急，而且处理起来不过一分钟甚至更短，那就直接做掉，无须转换成任务事项了。不过也得谨慎，因为这些看起来很快就能搞定的任务很容易失控，结果反倒占用时间。回复 e-mail 特别容易这样，接下来我就会讲到。

善用邮件标志，及时回邮是种美德

如果一封 e-mail 撰写回复内容得花两分钟以上，我建议你在收件箱中给它做个标志，稍后再回复。Outlook 软件里有一个小红旗的标志，叫跟进标志，很管用；Gmail 用的是金星标志。我相信你的 e-mail 系统也有类似的标志，点击就能使用。

最好在当天工作结束前，回复完这些带标志的 e-mail。及时回复邮件是一项很能体现职业素养的行为，如果你无法做到详细回复，也请简略地回一句"已查收"或"尽快答复您"。如果你忽略对方的邮件，对方就会误以为你没收到，甚至产生不被尊重的感觉，结果会发更多的邮件跟你确认，或者直接用电话进行催促。电话沟通的最大问题是无法存证，容易造成项目后续的扯皮。长此以往，之前好不容易建立起来的信赖感就会被破坏掉，对大家都是一种损失。此外，我认为长篇回复应当延迟，工作结束前集中做，这是提高效率的最好方式之一。因为工作要结束时的回复速度一般比较快，回复起来会比早晨简洁明了。而且，许多 e-mail 衍生的工作到下班时就完成了，没必要再回复。

每天记得归档 e-mail

我强烈建议每天清理收件箱中的 e-mail，否则它就会日渐膨胀，最终凌乱到无可救药，你可以从收件箱邮件中提取出任务，列入工作列表后，日常的 e-mail 归档工作也会简单许多。邮件不再因为相应工作的存在而"被锁在"收件箱中。

首先，归档 e-mail 的原因有二。一是清理收件箱，使其不再凌乱，附带着给大小有限制的收件箱腾出存储空间。二是为了查找邮件方便。无论采用何种归档方法，你希望它用起来简单快捷。

E-mail 的归档方法

所有归档 e-mail 的方法中，最常见的是根据主题把 e-mail 归档到按主题命名的文件夹中。其次是批量归档（例如，归档到一个移动硬盘或存储空间中）。

此外，查找邮件时要善用邮件搜索功能，通常只需输入几个关键词，就能找到目标邮件了。切换若干个不同搜索词，用这种方法查邮件，所花时间不会超过一分钟，快的话几秒钟就找到了。

工作邮箱也需要管理

你会不会经常收到很多跟工作不相关的邮件和广告，那可能是因为你在一些社交网站、购物网站注册用户时，留下了自己的工作邮箱。解决的办法是，你要额外申请一个用来注册账户用的邮箱，跟工作邮箱区分开来，这样就不会再遭受类似的困扰了。

在注册社交网站时，需要注意，一般协议都会默认你勾选了"接受网站的推送信息"，记得把它取消掉，不然它们会一直给你推送不需要的广告。如果你已经用工作邮箱注册了社交网站，尽量点击它们的广告退订链接，实在不行，就将这些网站列到邮箱的黑名单里，它们再给你发垃圾邮件时就能过滤掉。

治疗 e-mail 上瘾

怎么知道自己是否对 e-mail 上瘾了呢？如果每天工作途中停下来检查 e-mail 超过 20 次，那你很可能就已经对 e-mail 上瘾了，你打断工作的次数太多了。假如你每天百分之三四十的时间都在读、写 e-mail，那就是严重的 e-mail 上瘾。以上所有这些情形中，你的工作效率都极其低下。

那么，应当如何摆脱呢？你也没必要完全放弃使用 e-mail，而只需减少检查 e-mail 的次数，减少花在 e-mail 上的时间而已。具体怎么做取决于上瘾的深层原因，你得努力找出这个原因来。我的建议是采取一些自我反省的小技巧，问问自己："我不断去看 e-mail，究竟是要发现什么呢？我想找什么？"问题有了答案，就能从答案里找出解决办法。

为什么查看 e-mail 过于频繁

我发现，绝大多数 e-mail 上瘾的人有机会查看收件箱时，是想找出一些东西来。我归纳了一下，不外乎以下三项内容：

A. 获取来自朋友、同事、其他消息渠道的新资讯，信息量不大；

B. 能够马上付诸高效行动的请求，可快速行动；

C. 近期冒出来的紧急事项，必须尽快处理的。

但以上需求都不能成为沉溺于 e-mail 的良好借口，如果能摆脱 e-mail 上瘾症，就能拿回来大把时间，重新用到正常工作上。接下来就说一说上述各需求及相应的解决办法。

A. 改掉"不停查看邮箱"这种病

第一个需求是获取新资讯。如果你有该需求，可能是因为厌倦了手头的工作，希望换换脑子，而查看收件箱恰好能够迅速满足你这种需要。

为帮助你改善，首先，关闭 e-mail 通知消息，这样新邮件进来后，不会每隔几秒钟眼前就跳出通知消息。Outlook 的通知消息尤其侵略眼球，它会显示出一部分邮件内容来，这样就很容易把你吸引过去看邮件了。其他邮件系统也有类似的管理功能。这一步对疗治 e-mail 上瘾症相当重要。

其次，如果你的注意力经常游离到 e-mail 上，是因为厌倦了当

前工作，别用 e-mail（或更糟糕的浏览网页）来换脑子，浏览一遍
项目工作列表，找找其中有意思的工作。打开了收件箱，你就会在各
种消息流中迷失方向，而这些消息还在不断涌进。你本来只是想打开
收件箱清醒下脑子，结果反而深陷其中。所以，最好两三个小时，甚
至更久才去查看一次 e-mail。

B. 别去追求"快速命中"的快感

许多人不时看 e-mail 的第二大理由是寻找行动请求，这就是为
什么我们每小时都会查看几次收件箱。因为人们都喜欢不断进步的感
觉，我称其为"快速命中"的快感。

可这个习惯的问题在于，各个小进展加起来就掠夺了你的时间，
因为它们可能都是些不太重要的工作。不是说这些能快速完成的工作
一项都不应当做，而是不用一收到 e-mail 就马上做。当然了，也别
整天都去寻求那种"快速命中"的快感。而应当在日程表预先安排的
e-mail 查看时间内，去处理各类邮件。可能会有人提出反对意见说，
很多邮件请求也许非常紧急，两三个小时才查看一遍邮件时隔太久，
容易错过紧急 e-mail。

C. 如何处理紧急邮件

那我就说说第三个也是最后一个沉溺于邮件的借口：通过 e-mail
监控紧急事件进展的需求。一些公司中，e-mail 成了一切紧急通知
的重要窗口。e-mail 是了解老板现在需要什么、查看公司动向、得

知会议取消的地方。所以，查看 e-mail 常常让人觉得自己很主动积极，是正确的工作态度。

但是，我认为利用邮件处理紧急请求的做法是错误的，这么做会把我们变成效率不高的邮件奴隶。举一个说过的例子，如果你从事销售或客户服务行业，需要迅速回应客户请求，那么不断监控 e-mail 是有道理的。但大多数人并非这样的工作性质。团队中的人，尤其是主管，如果总是把需要紧急回复的事情写成 e-mail 发来发去，就会造成问题，所有成员会养成一直在查看 e-mail 的习惯，工作注意力大为分散。

作为 e-mail 发件人，你必须了解许多人可能一天只看一次邮件，所以不应当依赖 e-mail 要求对方迅速回应。如果你是老板，会带出一支沉溺于 e-mail 的团队，影响工作效率。那么，如果确实有紧急的事情要某人立刻回应怎么办？如果你和对方在同一间屋子里，直接走到对方跟前，告诉他们有什么事要紧急处理，或者重新启用手边的电话吧，这样能大大提升工作效率。

你也许会问："如果有详细的内容或者附件，e-mail 不是最好的通知方法吗？"如果需要用到附件，可以发 e-mail，但同时还要电话收件人，提醒对方注意查看。

如果 e-mail 真的是唯一能够选择的方式（比方你要给一群人发附件或很长的内容），建议使用邮件系统的高重要性标志（Outlook 有这个功能），这样他人在收到带标志的邮件时就会弹出通知消息。

小结

包含行动内容的 e-mail 最容易让工作陷入停顿。收到邮件就立即行动的话，通常所做的工作都是不太重要的，会让关键工作无法完成（而且可能留下大量未读 e-mail）。最好的方法是别一收到 e-mail 就条件反射似的立即行动，而是在工作列表系统中列出所需的行动，然后通过邮件归档清理收件箱。

然而，如果新邮件只是要求回复即可，但回复内容可能很长时，就给邮件做个标志，工作结束时再集中回复所有做了标志的邮件。这两种好方法都能帮你从一团乱的 e-mail 中解放出来，有精力和时间完成其他关键工作。

归档很重要，最佳归档办法是从邮件中提取出任务以后，将所有邮件批量归档到一个文件夹中，需要查找相关邮件时，使用全文检索的方式将其搜索出来。

我建议关闭消息通知功能，只在日程表有安排时才查看邮件。其次，与工作中所有人取得一致，认同 e-mail 不适合用于紧急沟通，最好选用其他方式。最后，如果你需要从工作中稍稍转移一下注意力，别用收件箱，因为它容易把我们禁锢在低优先级的行动中。你可以去处理工作列表上的其他重要工作。

SUMMARY

第一部分总结
把控工作可以这么简单

第一部分呈现了把控当前工作时间的解决方案。你的大部分工作注意力都集中在从当前开始的一周半时间内，因为这段时间里有太多紧急工作需要解决，这让你感觉整个工作失去了控制。运用"工作流程表"，能显著减轻工作压力，保证了优先级最高的工作首先得到处理。一旦紧急工作得到合理管理，你就会开始思考与目标相关的工作了，甚至还会做些职业规划。

高效能的"工作流程表"

"工作流程表"只需两页纸，第一页用于列计划当天或下周完成的工作，第二页用于列当前暂不用考虑的工作。"工作流程表"（高级版）还包括可选页，上面写的是检查周期延长的工作。

工作表分为三个紧急区域："必办工作"，必须当天完成；"待办工作"，当天如有机会就做，本周或下周结束前完成即可；还有可选的"待办的优先工作"（升级版和高级版模板中才用到），提醒你有富余的精力就优先完成。

控制工作不超过 20 项

"待办工作"必须少于 20 项，这样才能保证其易浏览、易管理。低优先级的工作事项移到视限外的工作表中——空间不够可在后面续加纸张。"视限外的工作"一周检查一次，有时隔更久，取决于你设定的检查周期。策略性延迟是非常棒的办法，能够保持日常工作列表短小精悍，条理清晰。

还有一种策略性延迟叫延迟做的工作。你想把一些工作放在未来某一天去做，便为它们设定一个特定日期，日期到了就开始处理，这些工作是延迟做的工作。

高级别的工作（SOCs）

你可以在当前工作列表页的最顶端写上本周内你正做的高级别的工作（高级模板显示了该部分）。高级别的工作可以被看成是你想在本周内完成的主要的成就或交付的成果。

高级版的"工作流程表"

下图展示了一个两页纸"工作流程表"范例，包括高级别的工作

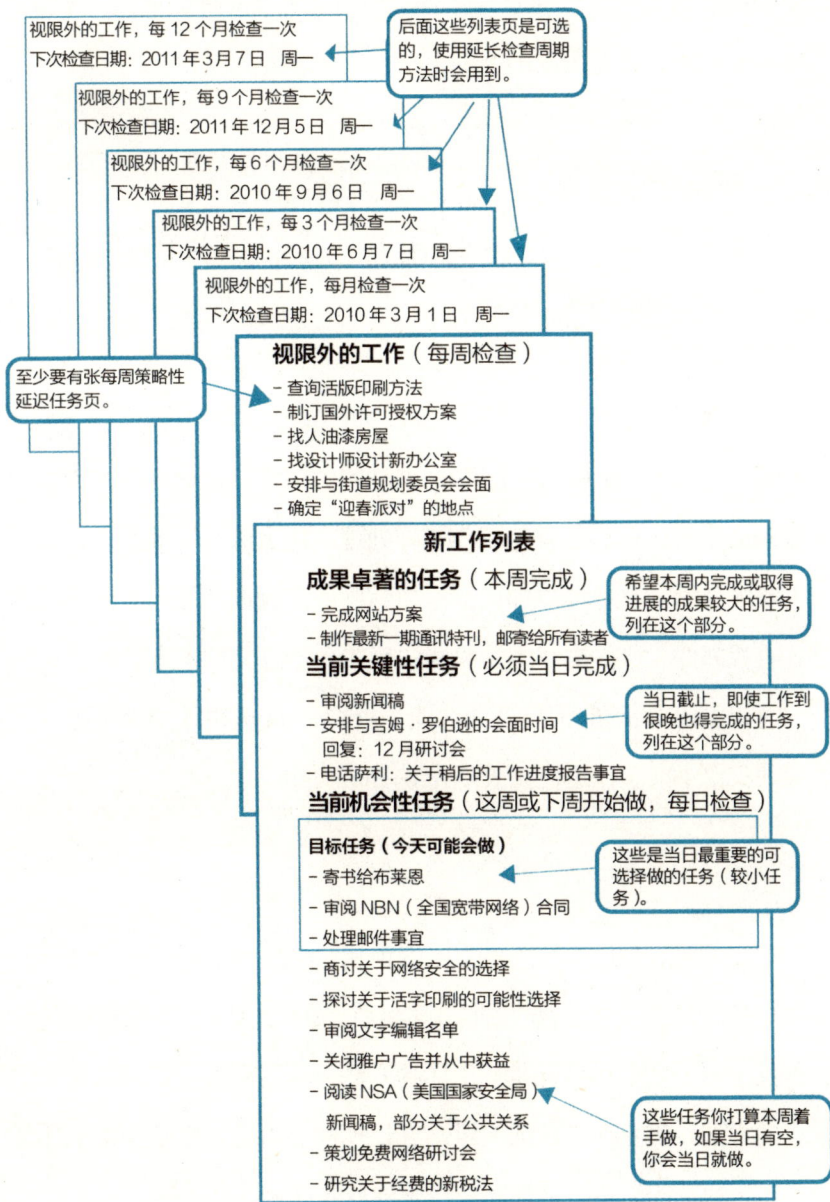

视限外的工作，每 12 个月检查一次
下次检查日期：2011 年 3 月 7 日　周一

后面这些列表页是可选的，使用延长检查周期方法时会用到。

视限外的工作，每 9 个月检查一次
下次检查日期：2011 年 12 月 5 日　周一

视限外的工作，每 6 个月检查一次
下次检查日期：2010 年 9 月 6 日　周一

视限外的工作，每 3 个月检查一次
下次检查日期：2010 年 6 月 7 日　周一

视限外的工作，每月检查一次
下次检查日期：2010 年 3 月 1 日　周一

视限外的工作（每周检查）

至少要有张每周策略性延迟任务页。

- 查询活版印刷方法
- 制订国外许可授权方案
- 找人油漆房屋
- 找设计师设计新办公室
- 安排与街道规划委员会会面
- 确定"迎春派对"的地点

新工作列表

成果卓著的任务（本周完成）

- 完成网站方案
- 制作最新一期通讯特刊，邮寄给所有读者

希望本周内完成或取得进展的成果较大的任务，列在这个部分。

当前关键性任务（必须当日完成）

- 审阅新闻稿
- 安排与吉姆·罗伯逊的会面时间
　回复：12 月研讨会
- 电话萨利：关于稍后的工作进度报告事宜

当日截止，即使工作到很晚也得完成的任务，列在这个部分。

当前机会性任务（这周或下周开始做，每日检查）

目标任务（今天可能会做）

- 寄书给布莱恩
- 审阅 NBN（全国宽带网络）合同
- 处理邮件事宜

这些是当日最重要的可选择做的任务（较小任务）。

- 商讨关于网络安全的选择
- 探讨关于活字印刷的可能性选择
- 审阅文字编辑名单
- 关闭雅户广告并从中获益
- 阅读 NSA（美国国家安全局）
　新闻稿，部分关于公共关系
- 策划免费网络研讨会
- 研究关于经费的新税法

这些任务你打算本周着手做，如果当日有空，你会当日就做。

部分和待办的优先工作部分。同时还有如果采用策略性延迟，延长了检查周期的话，需要用到的附加页。

提升效能的免费模板

本书网站 MasterYourWorkday.com 可下载上述各页的免费模板。详细信息请登录网站查询。

学会 e-mail 管理

管理 e-mail 最重要的是把 e-mail 中的请求转换成任务，添加到工作列表中去，然后和其他工作一样处理。这么做可以消除来自邮件收件箱的压力，让你能立即归档好所有邮件。我推荐使用关键词搜索方式查找邮件。文件夹或主题归档法只在必要情况下才使用。

建议关闭 e-mail 消息通知功能；查看 e-mail 也不能太频繁，至少隔两三个小时，以避免整天陷在 e-mail 堆里。

总结

你会发现，"工作流程表"比以前用过的任何一个系统都好用。它很轻便，又符合工作场所的实际情况，多数人体验后都感觉不错。它提供了一个处理和管理紧急工作的方法，它还提供了管理不太紧急工作的方法，防止你忘记或错过。它让你信心倍增，感觉一切工作都处于自己的掌控之中，这就是流程表的最终目标。

02

第二部分
创造你想要的结果

CHAPTER 9

第九章
一切以目标为导向

运用第一部分所讲的原则，我相信你已经逐渐学会把控时间管理，工作效率开始逐步提高。现在是时候迈上"时间管理金字塔"的第二级了。

第二级通常被视为职业生涯的更高级别，这时候，你将更加主动，更具有前瞻性。例如，在把控层级，也许你只是对老板或客户的请求做出反应；而在创造层级，你开始给自己和别人提请求了。

工作很大程度上是场智力游戏，接下来我们要讨论另一种时间管理心智模式，它有助于你创造大的成果。

执行和创造的区别

工作场所用"创造"这个词听起来可能有些

奇怪，但任何时候开动大脑进行深度思考时，其实就是在运用这创造性的流程。为客户解决问题，拟订销售方案，和老板开会策划活动，这些都属于创造流程。

举个例子，处理发票或将文件归档，这些是简单的执行，不能称其为创造流程。创造已经超越了机械地执行工作这个阶段。例如，比较"组装一张新桌子"和"构思、设计一张新桌子"这两句话，前者是简单地执行，后者则要求有创造性的思考。

只要对你有意义的，就是好目标

目标一般是通过创造流程达成的，而不是把控流程。许多人说到一项重要工作时，也会用目标这个词。例如，"今天我的目标是写工作进度报告"。但这不是一个目标，它只是一项重要工作。

有很多人，在制订完自己的工作目标后，会受到同事或者上级的质疑。然后，就会在内心询问自己这个计划或者理想是否真的有意义。事实上，追求自己工作目标的意义不在于其他人需不需要它，而在于你自己愿不愿意花费精力去实现，让自己的工作变得更富价值和意义。任何目标本身并没有意义，其意义都是你赋予的。你唯一需要思考的是，这个目标对你有什么价值，比如赚到更多的钱，帮助自己提升行业竞争力，学到更多技能等。

开会真的是一门技术活儿

既然在前边谈到目标一定要明确，我们就以开会为例，看看如何达成会议目标。

你知道最有效的开会法则是什么吗？很多500强企业倡导的会议文化是这样的：站着开会，以避免大家坐着喝咖啡或玩手机；10分钟的时间，没错，大多数会议根本用不上半小时，甚至不必安排在整点开始；参会者最好不超过10个人，每个人要对自己的观点进行简单陈述；要有最终的决策，因为达成不了目的的会议，往往都是失败的。

会议要素要涵盖：时间，地点，主题，参加者，决策，记录。真正的技术隐藏在以下方面：组织者事先做好充分的会议准备，把议题交代清楚；准时开始，不必为迟到者耽误时间，参会者手机全程静音，中途不允许接发短信和打电话；推进决策，尽可能在会上将"某某承担哪一项工作"确定下来，要求参会者必须在规定的期限前，按照决策的要求完成工作；无法当场做决定的议题，要做好会议记录，将困难清楚列出来；会后及时跟踪，把执行结果反馈给参会者。

这样打电话才最高效

每天的工作电话，会占用我们很多的时间，所以要想实现工作目标，就得提高打电话的效率。在通话之前，你就应该做好充分的准备。最好的办法是把对方的姓名、通话要点等内容整理好并列出一张清单，这样做就不会发生现说现想、缺少条理、丢三落四等糟糕的状况。

通话内容一定要简明扼要，不要寒暄了10分钟还没进入正题。通话时，最忌讳吞吞吐吐、东拉西扯。通报完自己的姓名后，就可以表明此次通话要解决什么议题，达成什么结果。一旦要传达的信息已经说完，就应当果断地终止通话。按照电话礼仪，应该由打电话的人先挂断通话。因此，不要话已讲完，依旧再三絮叨，否则会让人觉得做事拖拖拉拉，缺少素养。打电话的过程中不要声响过大，影响到周边的同事。如果是你接听电话，要在铃响3声后尽快接起，未能及时接听，要在电话中向对方表示歉意。如果你有其他要事要处理，可以暗示你马上有会要开，询问对方是否还有其他事情需要交代，以让自己尽快脱身。

麦肯锡30秒电梯理论

麦肯锡公司曾经得到过一次沉痛的教训：该公司曾经为一家重要的大客户做咨询。咨询结束时，麦肯锡的项目负责人在电梯间里遇见了对方的董事长，该董事长问麦肯锡的项目负责人："你能不能说一下现在的结果呢？"由于该项目负责人没有准备，而且即使有准备，也无法在电梯从30层到1层的短短时间内把结果说清楚。最终，麦肯锡失去了这一重要客户。

从此，麦肯锡要求公司员工凡事要在最短的时间内把结果表达清楚，直奔主题、直奔结果。麦肯锡认为，一般情况下人们最多记得住一二三，记不住四五六，所以凡事要归纳在3条以内。这就是如今在商界流传甚广的"30秒钟电梯理论"。这给我们在沟通中如何直奔目标提供了很好的启示，优秀的归纳和总结能力，是提高效率、达成目标不可或缺的一步。

提升沟通力，让目标尽早实现

你有没有过这样的经历：向上司提出你精心准备的提案，却被泼了一头冷水；要求下属加班，下属满脸怨气，以沉默相对抗。工作中许多问题是沟通不畅引起的，你以为对方能够理解，对方却觉得你无理取闹。想想看，即使是最亲近的家人朋友，尚且不敢说完全了解，更何况是只在上班时短暂共事的同事。为了克服这个障碍，在发生冲突时你要问问自己：眼下上司的利益是什么？同事最关心的根本问题是什么？

要想进一步了解别人，就需要跳出自我的小世界，学会站在别人的角度看问题。首先，倾听最关键，不懂倾听的人，总是习惯于打断他人，摸不清对方的意图。其次，要学会复述，通过复述去印证自己理解的意思到底正不正确。再次，适当表达支持，尤其是对方处于压力和沮丧之时，在这时，使用试探性语气比绝对性的语气更好。最后，坚持互惠原则，这是职场相处的关键法则。你对人微笑，别人自然会对你微笑。对同事给予关注、帮忙和尊重，你将收到对方给你的同样的东西。提升自己的沟通能力，才能让目标得以尽早实现，创造更大的价值。

你的工作时间值多少钱？

谈到目标，就不得不提及工作时间价值，因为只有让你的时间不白白耗费，才能让目标得以真正实现。巴菲特每年义卖午餐时间为格莱德基金会募款，如果按每年 200 天工作日，一天 8 小时计算，巴菲特的每个小时大概值 300 万美元。你有没有想过为自己的时间估值？如果你年薪 10 万美元，每小时大概值 62 美元。如果你可以以远低于每小时 60 美元的报酬，将工作外包给他人，又能保质保量完成的话，这项投资就是值得的。你可以利用省下来的时间，从事能够创造更高收益的工作，或者进行感兴趣的投资。这些投资包括长远的职业规划、准备各种职业资格考试、学习英语等新技能。如果你经常发发快递、参加无聊的会议、会见根本不可能成交的客户、为效率低下的同事补漏洞，做着远远低于自己时间价值的工作，那么你就应该问问自己，长此下去，你的事业究竟还能有什么提升？你只有从"操作型"人才，向"思考型"人才转化，才能实现完美的成长。

所以，每天过着循规蹈矩的生活，你感觉到厌烦了吗？你的每一个小时都是有价值的，集中精力干你精通的事情，将勉强能干却耗费时间的活儿委派出去，甚至花钱雇人替你完成，这样一来，你就能远远甩开同事和竞争对手。时间是一项最贵的投资，花大钱聘请职业规划顾问，花小钱聘请保洁人员整理家务，其道理都是一样的，花钱买时间，只要省下的时间能够创造更大的价值，这笔投资就是值得的。

记录下你的时间运用状况

记录时间如何运用，其实就像我们记账一样，如果你对时间不能像对金钱一样进行管理，它们就会在不知不觉中被白白挥霍掉。记录时间花费的软件很多，大家尽可能搜索一下，挑一款最适合自己的。实在不行，可以在笔记本上记录，精确到半个小时，这样一天下来，就能知道哪些时间运用得不合理了。

"无记录不规划",这样操作可以帮助你弄清每天"背单词多少小时""工作多少小时""看书多少小时""运动多少小时",1万小时天才理论,其实也是以记录作为基础的。你可以提前给自己规划每个项目的使用时间,每天看看预期跟实际结果有何差距,如果达到了预期,就在该项结果后边做个标记,这样持续做下来,就能知道在哪些地方你做得很好,哪些地方你还有很大的改进空间。

柳比歇夫时间记录法

说到时间记录法,就不能绕开柳比歇夫,他是苏联的昆虫学家、哲学家、数学家。他独创了一种"时间统计法",通过记录每个事件的花销时间,统计和分析后,进行月小结和年终总结,以此来改进工作方法、计划未来的事务,从而提高对时间的利用效率。其间他不断完善这一统计方法,并一直将其沿用到逝世。

所有的人,连柳比歇夫亲近的人在内,谁都没有想到他留下的遗产有多么丰厚。他生前发表了70多部学术著作。其中有分散分析、生物分类学、昆虫学方面的经典著作,即使以专业作家而论,这也是个庞大的数字。正是靠着这种时间事件记录法,柳比歇夫一生取得了多项成就。当然,这种时间事件记录法并非适用于每一个人,这因每个人的性情而有所不同,不必强求自己照着执行,但是可以作为很好的辅助工具。

学会利用一切零散时间

很多人抱怨时间不够用，经常会感觉什么都没干，就马上要下班了。但是大部分时间，并非一小时一小时被浪费的，而是一分钟一分钟从你身边悄然溜走的。我们除了上班时要合理安排时间，也要精心地利用时间碎片和"死时间"，例如等车、等人、排队、上下班地铁中，可以用来背单词、打电话、浏览工作报告等。有了智能手机，基本随时随地都能上网，你可以查看有没有紧急邮件，或者在手机上列出日程表，提前规划好一天的工作。

雷巴柯夫曾说："用分来计算时间的人，比用时计算时间的人，时间多 59 倍。"人生中有 1/3 的时间用于工作，1/3 的时间用于睡眠，剩下的就是可以利用的业余时间。有人算过这样一笔账：如果每天临睡前挤出 15 分钟看书，一年就可以读 20 本书，这个数目是可观的，远远超过了世界人均年阅读量。当你要出差，或者旅行时，你可以提前把那些可以利用时间碎片做的事准备好，一旦你真正空闲下来，就可以有计划地拿出来做。

别让猴子跳回背上

为了达成目标，你不仅要会花钱买时间，还要学会管理下属。管理学中有一个很著名的法则：别让猴子跳回你的背上。"猴子"指的是解决问题的下一个步骤、措施，意思是要让下属懂得照顾好自己的"猴子"，把责任锁定在他们身上。你大概经常遇到这种情况，下属抱怨工作太难推进，或者以他们自身的能力，根本无法解决客户抛过来的难题。"经理，这个报告该怎么写？""经理，我给你的方案什么时候能回复？"这样的问题抛过来时，你自己明明焦头烂额，却还要替下属干原本属于他们分内的工作，去各种场合救火。

好的管理者，会将自己背上的工作转移到下属背上，而不是亲自上阵，把压力全担在自己身上，一个人做好几个人的活儿。学会锁定责任，将"猴子"永远锁定在下属的身上，不仅是对下属的成长负责，还能让他们获得独立，不断提升解决问题的能力。管理者本身没弄清楚自己的角色和职责，下属不敢承担责任，是造成管理者工作越堆越多的原因。所以，聪明的管理者，应该对下属进行指导、协助、培养，授人以鱼不如授人以渔，不要走进凡事亲力亲为的误区。

"当下"是创造结果的有力工具

"目标"这个词被谈来论去了几十年。它在管理学培训及演讲当中很常见，还经常被用于评估绩效水平。

许多人将实现目标视为只需要意志力、努力工作以及勤勉执行的过程，但这些都是把控层级的行为，遗漏了创造层级的方法。首先，我们来回顾一下当前工作时间心智模式。该心智模式中，目标在哪里呢？对于绝大多数人而言，目标位于当前视限之外。我们设定了目标，之后就忘到脑后了。

事实上，与目标有最大关联的是"当下"。"当下"，不只指今天，我指的是现在，此时此刻。"当下"是创造结果和目标非常有用的工具。比如，很多人的目标是买房，但并不是从现在就开始努力，而是总给自己找借口，想着从下个月或者下半年再开始存钱做规划，一拖再拖，目标达成就遥遥无期。如果你想买房，就得从现在这一刻开始着手理财，比如下载一个好的记账软件，学习相关的理财技巧，拓宽自己的投资渠道，优化手头的资金配置。工作也是同理，不从当下开始，自控力差的人，是永远达不成目标的。

总结

第一部分把控层级工具是为了阻止混乱的，适用于组织和完成工作。如果你开始把目光放在更重要的结果上，就要运用到创造层面的工具。目标是其中的最佳例子。目标意味着远大的抱负、技能的提升或飞跃。

第二部分是创造层级的工具，用来建立和达成目标的。在这个过程中，我们要学会为自己的时间估值，要拒绝一些低效的、对自己完全没有提升的工作，甚至要学会花钱买时间，最终才能达成我们想要的目标。

CHAPTER 10

第十章
工作不仅要有目标，还得有愿景

目标应当是灵感的源泉，是超越的感觉，是内心的驱动力，但多数工作目标却并非如此。

人们常常因为绩效评估表格有一些空白要填进内容，所以才设定目标；或者领导为了促进员工提高效率采取一些不近人情的措施，所以设定目标。将这些措施称为"目标"，真是误解了目标这个词最初的概念。目标应当是自己展望的一种要去超越的抱负，而不是用来刺激他人的工具。

本章中将阐述目标的重要性。通过找出目标设定和达成过程中的缺席元素——愿景，从一个侧面体现目标的重要性。目标中融进愿景，是实现一切目标的基础。

光设定目标还不够

目标不容易实现，这一点挺让人纠结。不过如果目标容易实现，就不是目标而是工作了。

彼得·圣吉在其著作《第五项修炼》中指出，要想目标发挥作用，得强烈"需要"这个目标。然而，大多数时候是你为了取悦别人，被动接受了这些目标。从父母那儿，你经常接受职业目标和家庭目标，这些是他们希望你实现的；从老板那儿，你接受了绩效目标；从伴侣那儿，你接受了一大堆生活目标。如果你的心不在目标上，你又怎能为之兴奋，继而满腔热忱地去追求呢？

拿工作目标来说吧，比如，你的上司是销售经理，他提出本月你的销售目标要比上个月提升 1/3，如果完不成，会受到相应惩罚。我认为这并非真正意义上的"目标"，更像是种威胁，因为它不是真正属于你的目标，而且是建立在畏惧基础上的。

而另外一些目标，常常也是出于畏惧或你和别人攀比而制订的。例如，"我必须挣许多钱"（这样我就和他们一样优秀了），或者"我必须减肥"（这样就不会比别人差劲了），或者"我必须成为医生或律师"（让父母刮目相看）。

所有这些目标都是消极地被制订的，缺乏积极的内在动力，而且从一开始你就知道，它们注定会失败。而有些目标确实是你自己设定的，目标也并非建立在畏惧的基础上，但还是没有达成。比方说你确实希望将销售额提高 20%，但你就是完不成。

为什么这样的目标，总是难以达成呢？一个关键问题就是方法，许多人会制订一个标准以确保目标达成，接着就是努力工作，以达到那个标准。如果标准达不到，就会责备自己，然后加倍努力；如此这般，不断重复，直至达到标准。这是一种责任式的目标方法，它只是把控层级的技能。

其实可以采用一种拉拽而非推动的方式，促使目标达成。激励和奖金机制，便是基于该方式形成的。"达成目标就能拿奖金"，这是胡萝卜加大棒法给予甜头的一面。久而久之，如果奖励成了人们期望中的事，目标就变成了出于畏惧而设的目标了：拉动力没了。而假使目标确实特别严格，人们也许容易泄气，索性放弃奖励了。

有些目标的难度高，例如减肥，这个目标难度就很大，即使你因体重超标烦恼不已，还为减肥设置了奖励，都难以减肥成功。还有一些目标似乎根本不在你控制能力之内，例如说服打定主意不买你账的客户，或在经济低迷的大环境下提高销售额。

给目标加上愿景

我觉得许多目标中缺失了一样主要元素，这就是愿景。愿景是一幅很大的蓝图，它是指与目标相联系的深层目的。愿景给实现目标所应采取的必要行动注入了积极的情感。

没有这种愿景，目标就会少了某种物质，变成无聊的工作，即使乏味也要去做的工作。缺乏愿景元素，是目标失败最重要的原因。

努力实现目标的过程中，我们会太过关注怎么行动，反而忘记了起初设定目标时令人信服的理由。我们困在了执行的相关问题上。简单来说，我们丢掉了目标背后火样的热情。执行过程中从头到尾各个步骤都想着愿景，便能解决这个问题了。

到底什么是愿景

人们对愿景这个词的理解也存在混淆之处，这就造成人们不愿意去创造或者坚守目标的愿景。

例如，多数人认为愿景组织顶层才用得着——即组织架构中高层才用，或是有特别重大的目标才需要用。像工蜂一样干活的员工很少会重视愿景的作用。

愿景这个词是什么意思呢？指"公司的目的"，人们通常设想愿景是这个意思。愿景其实是对某种结果的描述，传递了一种新的结果胜于现状的感觉——这种描述激发了行动的动力。愿景是一幅心灵图画，常常掺杂了与结果相关联的个人情感，如热情、信念、希望、信任等等。

任何层级均可创建愿景

请注意，关于愿景，我们并未提及其有大小或重要性的区别。愿景适用于组织或活动中的各种层级。你可能会想，有一个愿景得做多少工作啊，只有重大目标才会需要。但实际上，无论何时，只要对某个结果燃起热情，就可以创建愿景。

例如，愿景可以小如为办公桌添置一台优质订书机。在这个例子里，如果你强烈渴望得到一台好用的订书机，那就开始想象订书机的样子，描述订书机的功能——这便是在创建一个真正的愿景了。愿景也可以大到如发明一种能改变世界的产品。愿景是任何层级都可以创建的。

什么是"愿景目标"

愿景目标，就是用一种强调愿景的方式写出来的目标。通过这种强调的方式，你可以刻画目标，并为之兴奋。创建愿景目标是四步创造流程的第一步。

那该如何创建愿景目标呢？首先得写下描述"为什么是该目标"的文字，这不同于如何设定目标或目标是什么。写出来的文字要尽量体现出该目标带来的兴奋、产生的动力。

描写愿景目标的准则

充满情感的表述对目标激活来说是必需的，要确保囊括以下所有特点：

A）长度恰如其分

B）描述性文字

C）文字富含情感

D）保持积极正面

E）采用现在时态

接下来我们通过举例逐条予以详细说明：

A）长度恰如其分：表述应当达到一定长度，但也得尽量简短，方便每天快速浏览。比如：

我要减到一个理想的健康体重，使自己看上去很美而且精力充沛。

这举的是个人目标的例子，不过同样的概念也适用于工作目标。

B）描述性文字：描述目标达成后事物的情况。描述可以不长，但必须充分，这样你才能想象。如果你描述的是一幢新房子，可能得好几个句子才能刻画出房子的所有特征。你也许会描述房子的风格、颜色、坐落的方位等各种你认为重要的特征，所有的描述在你脑海中形成了一幅清晰的图画。

C）文字富含情感：在描述中加入一些生动的、富有激情的文字，这样能体现你对最终结果的感觉和情绪。上面的例子里，一些词语和短语，如"健康""理想""看上去很美而且精力充沛"都是富含情感的表达。

D）保持积极正面：这点特别重要。永远用积极的语言描述目标。别写成这样："我再也不想找个固执己见的老板了。"这种描述焦点集中在负面的事物上，于是你的潜意识可能也会集中关注消极方面。相反，应当描述你想要的事物，譬如"我要找个福利好自由度高的工作"。在上面举的例子里，请注意，我没有说"我想要减肥"。这种说法乍一看似乎是正面的，但其实它强调的是消极的内容。

E）采用现在时态：文字描述应当用现在时。要这样写"我得到了部门领导职位"，而不是"我将要得到部门领导的职位"。这样写的话，会觉得目标已经实现了。

描述要包括C、D、E各项特点（富含情感、积极正面、现在时态）。这里是另一个愿景目标范例，集合了所有特点元素：

由于我加了薪水，我们家现在能买更多生活用品和家具家电。我们按照自己想要的样子重新装修了房子，还计划今年夏天去日本度假。

还有一个工作目标范例：

我的销售额显著提高。超额完成月度销售指标的感觉太棒了。现在我可以松口气，享受工作带来的成就感，现在成交的单子都是额外的。月复一月在工作中领先，这种体验真是妙不可言！

总结

你可以而且应当为所创造的每一个目标写出愿景目标描述。一个强大的愿景目标能让你的工作变得更有激情，梦想成功实现。

工作目标经常失败的原因如下：

只列出目标，并没有具体的实现步骤。

目标常常由别人来设定，你并不接受它们。

目标经常建立在无奈的"应当"或恐惧的基础上，所以缺乏坚定不移的信念。

愿景这个缺失的创造层元素可以解决上述问题。接下来，我们来谈一谈目标成功达成的另一个元素——指标目标。

CHAPTER 11

第十一章
工作既要讲愿景，也要注重达成指标

几乎所有设定的目标都包含两大要素：愿景目标和指标目标。二者一起，结合成"当前目标"。在愿景中增加指标目标，是当"前目标创"造流程的第二步。

指标目标令行动更具重点

事实上，人们在办公环境中所指的"目标"，其实多数都是指标目标。例如，你拿到一个销售指标——应当达到的某个销售额，这便是一个指标目标。如果目标是会见一定量的满意顾客，这也是指标目标。实际上，你所设定的数值跟绩效挂钩，就称得上指标目标。

指标目标并非一定是量化的数值，但必须特别

具体。例如，你列出一些城市，计划在这些地方设定新的业务分支机构，这是你为了拓展业务的重大愿景而设定的，它就是指标目标。

虽然愿景目标比指标目标听起来更激动人心，但显然指标目标十分重要。它使行动更有重点，是基础框架，愿景目标得围绕着这个框架去执行。愿景目标属于创造层级，而指标目标则属于把控层级。

愿景目标和指标目标，哪个更重要

管理重心应当放在哪里，是在愿景还是在指标和执行上？具体情形如钟摆般摇摆不定。近年来执行得到了越来越多的重视，关于"执行力"的课程和著作越来越多。

公司中低层员工关注的总是执行。几十年来，总是由管理高层确定好愿景，然后再交付中低管理层，让他们制订实施计划、付诸行动、实现愿景。

可是，由于中低管理层只关注执行，通常能够从上层传达至下层的只有指标目标，所以，在负责具体实施的下层管理人员中，愿景目标几乎整体缺席。从本质上来说，在创建的目标中，两个元素缺一不可。

SMART 目标管理原则

讲到这里，自然得提一下 SMART 目标管理。SMART 目标是通过明确一个目标所含有的 5 个独特要素，从而把目标描述得更加具体清晰的一种方式。SMART 一词中的 5 个字母分别代表这 5 个要素，它们通常是：

S=Specific（具体性）

M=Measurable（可衡量性）

A=Attainable（可实现性）

R=Realistic（相关性）

T=Timely（时间性）

高质量的目标需具备以上 5 个要素：第一，足够具体。例如，"我要升职"就很宽泛，相较之下，"我要在半年内升职为部门的总监"则是一个具体得多的目标。第二，可以衡量。什么是可衡量的目标呢？例如，"我要在年终做到 3000 万的销售业绩"就是一个可衡量的目标，而"我要提升业绩"因为难以界定，则是一个不可衡量的目标。第三，可以实现。"我要成为企业总裁"，这种超出自己掌控范围的目标，显然是难以实现的。第四，相关性。目标与自己的工作需求息息相关。第五，有时间限制。如果目标的完成期限遥遥无期，显然对提升工作效能毫无帮助。

愿景和指标缺一不可

对于个人以及公司来说，目标设定最关键的是定下当前目标。

"当前目标"不仅仅要有愿景，也需要有指标目标，不然大家都去抓宏观，却不注重细节，企业的效益没法提高，个人的业绩也没办法达成。

一般来说，我们要想在愿景中提取出指标目标，可以先自问：

"我如何衡量这一次的结果？"如果你的目标是为了增加销售额，那么增加多少，如何增加，都是你必须去考虑的。这在管理学中叫增加衡量指标。

要注意的是，很多无形的目标，并不适用于用指标来进行衡量。比如："我对工作的自信度提高 25%。"这样说就会显得很愚蠢，自信度显然没办法用具体的数值来衡量。

除了通过加入衡量指标外，也可以通过一个问题来找到指标目标："我怎样才能把目标理清楚？"这个问题非常重要，如下面的例 3 所示。

如何表述当前目标

下面是一些当前目标表述的示例（个人和公司的都有），它们在最初写就的时候并无多少力度，因为它们都只以指标目标为出发点，这是设定目标的时候最常见的毛病。我在这些例子中加入了愿景目标，形成了完整的目标表述。

例 1：减肥

减肥是我们常常面对的难题。通常，人们设定目标时会说："我想减重 20 磅。"（1 磅约 0.45 千克）这么简单的表述非常苍白，而且没包括减肥后带来的转变，看不出什么理由或情绪，还缺少了积极的愿景。假设你目前体重是 180 磅，减肥目标可以这样表述：

我要减到一个健康理想的体重，使自己看上去很美而且精力充沛。维持 160 磅最好了，这是最适合我的体重。

所以你看到了，现在，愿景部分是这份表述的主要内容，把160磅的指标目标加入其中，表述变得更加清晰明了。在表述中使用了积极的词语，而不是说要"减掉"20磅，也将最终体重指标清楚地表述了出来。将重点集中到"减掉、甩掉、除掉"什么，通常会适得其反，你专注于想摆脱的事物以及随之而来的负面情绪上，更好的方法是，描述出你想获得什么，以及实现时候的感觉，全部都要使用正面积极的语言。

例2：收入增加

我们来看一个想要收入增加的目标。在最初的目标中，它的主人只是简单地表述道："我想让自己的收入增加25%。"我会要求他们想出更加积极的表述内容，里面要描述出这些额外收入能提高到的程度，然后在愿景目标中对这些内容做出强化。这是其中的一个版本：

就在刚才，我的收入增加了25%，这真是太棒了。这意味着现在我可以买下我一直渴望拥有的那辆车，我可以想象，自己正开着车沿着风景区行驶，阳光洒在我的脸上，风吹过我的头发，多么美妙的感觉！我还要每个周末都外出用餐，我爱死美食了。

例3：公司销售额增加

接下来的是另一个有关数字的目标。这个目标不但缺少愿景部分，还因此令人失去了追求目标的热情，指标目标也有点模糊。最初的目标是由某家公司的CEO制订的，内容是："我们公司的销售额将提高15%。"优化后变成这样：

在增加我们公司的满意顾客数量的同时，我们把销售额提升 15 个百分点，同时保持我们的利润率。

可见，在此加入了"增加我们公司的满意顾客数量"和"保持我们的利润"。就算这只是进一步阐述了前一个目标，但在某种程度上这是必要的。因为对于这家公司来说，一个简单的 15% 的增长在实际情况中经常会出纰漏。你可以靠大减价来提高销售额，但是你会因此损失利润。你也可以降低产品质量，然后低价出售且利润不菲，但是这样一来顾客满意度会大打折扣。所以通过回答先前有关指标目标的第二个根本性问题："我怎样才能把目标理清楚？"经过补充的指标目标表述就很好地解决了问题。

现在我们来给这个目标多加些愿景的内容，甚至把结果指标写得更具体一点：

我们要以一种增加股东价值的方式，把我们的公司变得更加健康、更加强大、盈利更多，并始终如一地扩大喜爱我们产品的顾客群规模。要实现这个目标，我们预计会有 15% 的销售额增长、利润能够保持、顾客满意度稳中有升。分析师会赞赏我们的这些策略、股东们会非常高兴、董事会会认可我们对其下达任务的执行和管理。

这份表述充满了激情（当然也很明确具体），强有力的愿景成分和指标成分都包含其中。这样的表述才能配得上一位鼓舞人心的成功的 CEO。

要保持目标的灵活性

不要把指标目标定得不留余地，不然的话一旦目标没有实现，你设定下的这些内容就毫无意义。最好把指标目标设定得灵活些，实事求是，指标是帮助你专注于你所追求的东西，而不是在你失败后惩罚你的棍棒。

我之所以强调这一点，是因为有时候会有意外发生，即使目标中的愿景部分能实现，但早期设定的指标就无法完成。有时候我们的眼中只有指标，并过多地被其牵制，而没有看到愿景的部分。所以，千万不要让指标造成的困难阻碍了你对愿景的不懈追求。

举一个极端的例子，据说爱迪生在设计出第一个正常工作的灯泡前，烧坏了近千个灯泡。如果他在指标失败的第一次、第二次或甚至第一百次的时候就放弃了，那他还能做成什么？他坚持于愿景，所以成功了。失误和不达标是指引你更快更好地通向愿景的路标。千万别被指标迷住眼，愿景才是你需要认真对待的。

对的指标，才能带来对的结果

指标必须是适合你的，在你写下一个数字指标的时候，假如你认为它难以实现，因此感到一丝紧张甚至是害怕，那么就把这个数字减小，直到它让你感到舒服为止。当然，这是在你自己设定目标的情况下。

有时候，指标是别人给你设定的，没有可以改变的余地。比如："你这个月的销售额必须达到 4 万美元。"如果你对这个指标有热情，那就正中下怀。

如果你对它毫无热情且不相信它能实现，就不要给自己树立一个虚假的愿景。最好制订详尽的工作列表，把需要完成的工作写在上面并按部就班地进行。

把日期加到行动步骤表中

不需要在目标中加入一个确切的完成时间，而是给目标实施计划中的每个行动步骤和重要事件分别定下完成时间。

要记住，目标不同于任务，并不是完成一套具体的步骤就能保证目标的实现。我们在实现目标的过程中当然需要制订行动步骤，只是很少有人从始至终都按照时间表一个接一个步骤地完成。如果你设定了一个确切的完成时间，要是步骤或者目标没有按照时间完成的话你该怎么办？往往你只会感到无助和失望。相反，应该把这些完成时间设在重要的行动上，而不是目标本身。

那就是说，为目标设一个大概的时间期限是可行的。比如，对于中小规模的个人目标，我往往根据一年中的某个季节来制订一系列的目标。那是因为有些目标经常在自然上是与某个季节相匹配的（例如运动类目标或者户外类项目），如果你没有在合适的季节里完成这些目标，那它们就没有意义了。

我会经常在一页纸上记下一系列小的目标表述，在顶端标记出当前的季节（如秋季），然后在目标激活时段重新查看一遍当前的列表。我把这样的一个列表称作"当前目标列表"（见图表11.1）。

秋季目标

出彩的书本设计 — 我的一本书的封面和内页设计在视觉上很出色，并且清晰易读。

书准备付梓 — 书很快就要印刷好出版了，我感觉很激动，对书的评论正面且有用，而且所有的印刷步骤简单迅速、有条不紊。

理想的公关 — 我有一个理想的书籍公关渠道，非常专业且高效。

理想的团队 — 我有着非常出色的商业团队，每一位成员都有着熟练的技能，为团队带来平衡。我们的合作流畅顺利，成员之间有着互补的价值，非常享受在一起工作。

延伸的范围 — 我所传授的理念和内容所触及的范围迅速延伸，到达每一个需要并喜欢这种信息的人。

有影响力的内容 — 我的教学内容为选择学习它的人带来了深刻且意义非凡的改变。

享受＆学习高尔夫 — 我发自内心地享受着每一场比赛和练习环节，因为我偶然接触到高尔夫球，击球的摆动姿势感觉良好而且很轻松，我通常能击出 90 杆以下的成绩。我喜欢这项运动，它令我精力充沛。

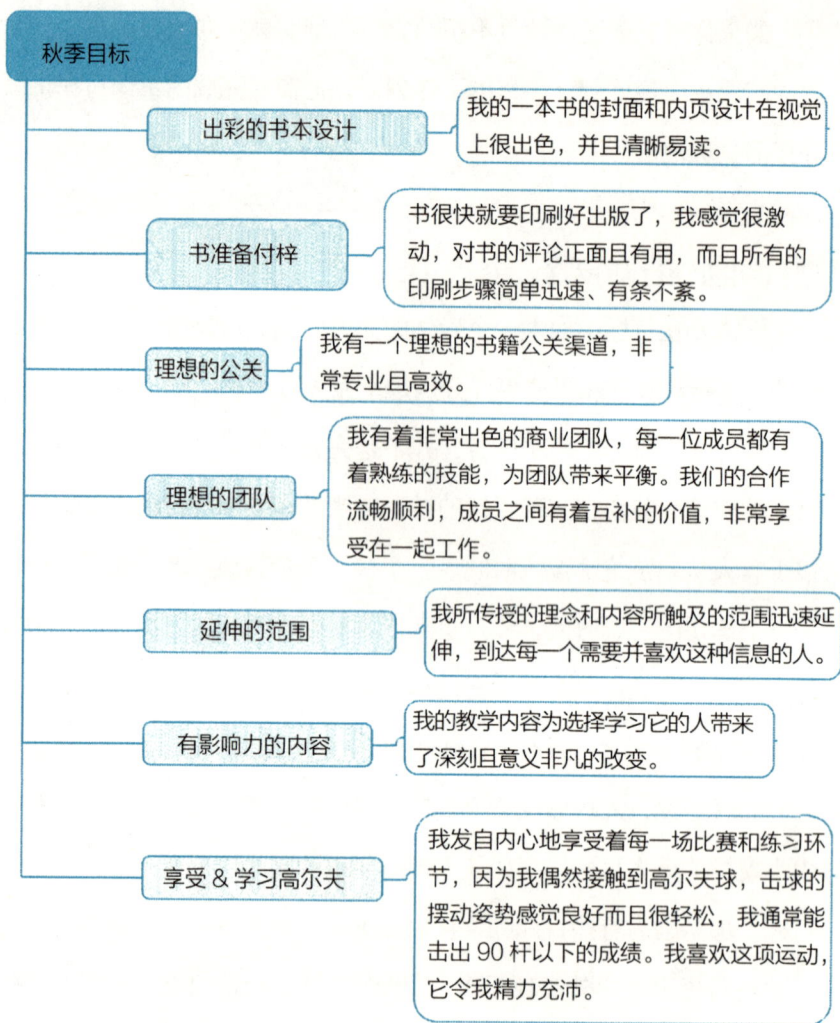

图表 11.1　当前目标列表

别把赚取金钱当成愿景

有时候人们把钱写下来作为结果指标，以为如果他们有了足够多的钱就能实现其他所有的目标。或者他们读了本鼓励他们"向钱看"的成功学书籍，也会这么做。

这样就会产生一个问题：他们没有把注意力放在目标的实质上，转而专注于简单的金钱指标，把那当成了一个愿景。你应该把你对用这笔钱买到的具体东西的愿景描述出来（比如新房、新车等），并且说出它们的样子以及拥有它们时你的感受。

比如，我就不会把"我想要挣100美元"写成我的当前目标，这句话软弱无力且缺少愿景的成分。写成"我想成为百万富翁"就好一点了，因为对于一些人来说，"百万富翁"这个词代表了某种生活方式。但我还是要劝你在描述目标的时候，说出你希望在生活方式上的改变的一些细节，这样问："如果我赚到那么多钱，那我的人生会是什么样？"也要问："我会在人生中看到和感受到哪些新事物？"尤其要问："我感觉如何？"要记住，你要把你的愿景表达得富有感情。

在错的地方寻找，你永远不会快乐

金钱总是被人们当成"无形目标"来追求，你感觉需要某一笔钱的原因是：这笔钱会让你内心安全稳当、让你能够支付全部的生活开销，甚至还有剩余。那么，你就应该多注重目标表述中有关安全感的描述。

例如，你的当前目标表述可以是这样：

　　我感到安全稳当，我知道我可以轻松支付自己的全部生活开销，我还能享受生活中很多美好的事情，像是经常下馆子、一年几次的美妙度假、给家人买礼物。如果每年能有8万美元的收入就绰绰有余了。

　　在这个例子中，愿景的核心要素是你能通过金钱得到什么，而不是金钱本身，并且表述最开始强调的是金钱所带来的感受。下面是一些典型的金钱带给人的无形事物或感受的类型。

　　安全：如同先前提到过的，不用再担心钱不够了是很重要的，所以描述金钱充裕的感受可以像这样：

　　我感觉我的财政很有保障，我知道我可以轻松支付自己的全部生活开销。

　　自由：可以自由地做你想做的事，从事你想从事的工作，而且在你想的时候能够抽出时间，这一点是很关键的。如果你的目标是自由，就要确保在当前目标表述中加入对自由程度的描述，比如下面这段话：

　　我的生活由我做主，没有束缚，我从事的工作正是我喜欢的，我只与我喜欢的顾客打交道，我乐在其中。我自己来掌握时间，可以轻松地应对工作，所以抽出些时间来做别的事情是很容易的。

　　丰富：充裕的金钱能让你获得一连串全新的体验，无论是去新的地方旅游、买新的物品，或是认识新的人。你可以列出很多能够丰富生活体验的方式，例如：

我过着令人兴奋的生活，我很享受工作项目中不断出现的变化，这让我有很多机会前往有意思的地方或是国家。我几乎每天都能遇到新鲜又积极向上的人，我乐在其中。

无形的东西还有很多：自尊、权力、自信、勇气、平和、快乐，也可以是爱。当你为了获得这些而把目标指向金钱时，稍微停一下，先检视一下你的愿景描述，好好考虑一下，你想要的到底是什么。问问自己，金钱是不是你真正想追求的东西。上面列出的这些无形的生活质量，并不一定要有钱才能实现。英国伦敦政经学院的经济系教授理查·莱雅德在谈到要如何才能快乐工作时说："若工作只为了升迁、赚大钱，而没有放松，只会让自己消磨殆尽。"把金钱作为无形目标，让快乐成为一种活动，你就不会觉得很累，不会觉得工作压得你喘不过气而需要停下来休息。我们经常在错的地方找寻快乐，只把希望放在外在环境，要得到这个、得到那个，得不到就非常痛苦，事实上，我们需要有发自内心快乐的智慧。

小结

指标能够帮助我们专注于目标，并使目标的内容变得更清楚明白。通常，指标回答了"我该如何评价目标的实现结果"这个问题，也常常解答了"我该如何分析清楚目标的实现结果"。通过在愿景中加入指标的内容，从而制订出当前的目标。

顺便提一句，你可能会想知道我为什么在"当前目标"中使用了

"现实"二字。因为这些目标在目前来说是可行的，对你来说是"待激活"的。我说"可行"是指当前目标都是完整的目标，满足将目标付诸实施的所有条件；"待激活"是指你要采取行动来激活这些目标，我将在接下来论述这点。

CHAPTER 12

第十二章
使用心理控制术，激活你的工作目标

如果你清楚地表达了你的愿景，并运用指标使愿景更加清晰明了，那么你就可以开始着手将目标付诸行动了。不过还要做最重要的一步——你要激活自己的目标。

"目标激活"是什么

目标的激活，就是每天都有步骤地接受和相信你的目标。在你清楚地写下你的目标表述之后，要确定下需要付诸行动的几个步骤，每天不停地练习，让你的目标表述萦绕起来。

我在这里用了"萦绕"这个词，你是否有过这样的经历，在某一天中有一首歌好像"钉"在了你的脑子里？这首歌似乎重复了一遍又一遍，成了你

脑海中的"背景音乐"。这样的重复，是与你对某件事情的思考一同
发生的。例如，想象一下你正赶往一个你已经迟到了的重要会议，你
焦虑万分，又没办法打电话给对方，或者就算打了也没用。每当我遇
到这样的情况，我会一遍一遍地想着类似"该死，我迟到了""唉，
真应该早点儿出发""我为什么没有早点儿出门呢？"这样的话。

在不太紧迫的情况中，这样的重复也同样会发生。我们每个人都
会在脑海里不断重复着一些很小的想法。大多数时候这些小念头是随
机的，你的脑细胞随时会"开火"，而扣动扳机的就是那一刻我们周
围的某件事物。有时候，我们可能会反复考虑一件工作、一次谈话、
一个想要见的人、一份很重要的东西。

这些想法萦绕在你的潜意识里，有时你甚至会停下手中的活，专
心地考虑这些想法。这些"背景思维"，会对你的人生态度以及工作
成效产生强大的影响。

为什么要激活目标

目标的激活经常能通过积极的能量解决"拖延症"问题，因为这
么做让你每天都会注意到自己的目标。目标激活也能将看起来不可能
的事情变得可能，通过激活你的潜意识能量，找到解决方法。

如果目标很简单，那就不是目标了，只不过是大型工作。目标
表示我们不只是完成一套简单的步骤。就拿减肥这个常见的例子来
说，如果减肥只是一套步骤，那么就不可能成为价值 400 亿美元的
产业了。列出这些步骤很容易：少吃、多运动。但是为什么我们中

能成功减肥的人少之又少？显然，如果能把减肥当成一个目标来实现，会有更多的人成功，而这也是把"目标"和内容繁杂的工作区别开来的地方。

除了在目标里加入愿景，你可能会觉得意志力也很重要。大多数人这样说："把目标定下来，再想好实现目标的步骤，然后充分发挥意志力来努力实现目标。"这当然跟你的成功减肥有关系。人们说下定决心少吃点儿需要意志力，坚持做运动也需要意志力。而言外之意是，如果你做不到，那么就是你的意志力太薄弱。人们在为很多的工作目标努力时也会做这样的假设。

我们确实需要一些意志力，我说达成目标要用到魔法，但这远远不只是运用意志力。"激活"你的目标就是还缺少的那部分魔法。

如何激活你的目标

目标的激活应该在愿景部分中使用，因为潜意识对情绪和感觉的反应是最佳的，而不是数字。如果你的目标的愿景部分没有设好，那么就没法激活目标。愿景提供了你得以对目标进行激活的核心内容，以及供你的潜意识紧握不放的东西。

所以第一步就是拟好当前目标表述中的愿景部分。你要用生动的感官描述和富有感情的语言来写出你的愿景目标。这个目标应该是你真正想要的，而不是你勉强从他人那里接受的。如果你能做到这些，那你就准备好了。

阅读和描绘目标表述

一旦你写好了一份包含着强有力愿景目标的当前目标表述，那就开始每天都阅读这份表述，让它在你的脑海里"萦绕"起来。你应该在脑海中把目标描绘出来，试着去体会目标已经实现所带来的积极感受。只是那么一下，走近它、呼吸它、感受它。

在你的工作中生动地想象你的目标，"就像它已经实现了"。杰克·坎菲尔德在他的《成功原理》一书中对这点做了极好的解释，他在书中这样描述道：

把目标当成已经实现，会向你的潜意识发出有力的命令，要求开动脑筋找到实现你的目标的方式。这会向你大脑中的网状激活系统（reticular activating system，RAS）发出指令，让其开始留意能助你成功的任何事物。同时，这也向所有人传递出强有力的信息：这个最后的目标是你真正想要的。

在对目标的形象化中找到专注点

我们再回忆一下第四章图表 4.4 所展示的"当前工作时间"模型中的"当下"这个概念（见图表 12.1）。具体来说，"当下"是指你在精神上的专注以及现在你要如何运用它。

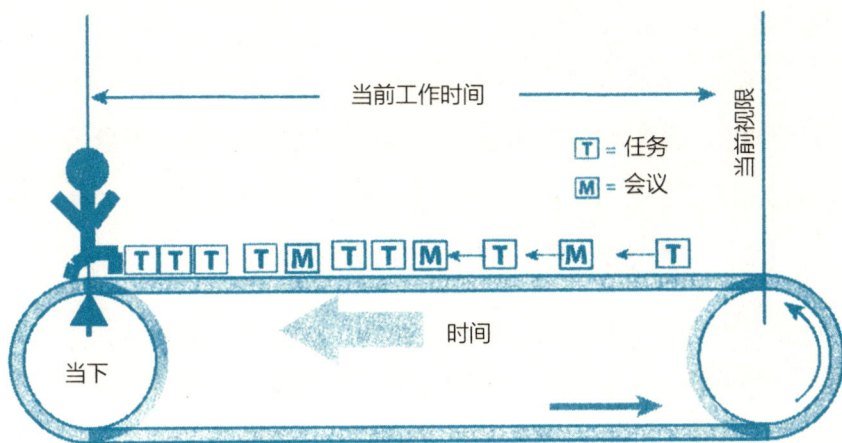

图表 12.1　当下

不要只是生硬地读着你的目标表述，或是死记硬背。相反，要发挥你的想象力，让自己可以在读着的时候"进入"到表述的内容中去。

如果你好好地研究这个方法，把它运用到体育、健康或是其他很多的事情上，那你就会发现你想要的那个结果，被重复了一遍又一遍，就好像你已经实现目标了。早在几十年前，这个方式就已经被运用在了体育界中。

对于大多数目标来说，如果表述写得很好且富有激情，你就可以通过对这份不长的目标表述的阅读和想象，在潜意识里把目标激活。

为什么目标激活是有效的

在你每天都投入到一个全新的惯例工作前，可能会有这样的疑问："目标激活真的有效吗？"事实上，人的注意力具有强大的能量，广告商们深谙此道。所以在我们看电视的时候，他们用电视广告对我们的注意力进行狂轰滥炸，就是想要让我们在以后购物时购买他们的产品。

注意这个关键词"以后"，如果你在电视上看广告，大多数的广告商并不期望你会在看到广告的那一刻就从椅子上跳起来去购买（请忽略现在流行的深夜电话直销广告）。相反，他们在你的注意力中留下印象，你在以后的购物中就会以此作为参考。我们"当下"集中注意的事物强烈影响着我们"以后"的行动。

不仅电视广告，生活中的很多事情都是如此。如果我们因为看到的什么东西而感到兴奋，尤其是不断重复地兴奋，那它就给我们留下了非常深刻的印象，会在日后对我们造成影响。

举个例子，可能你已经在购买汽车、相机或者衣服时碰到过这种情况了。你是否注意到，一旦你关注某件商品，在杂志上研究它或是在网上浏览关于它的信息，你就会在之后更加关注它。如果你关注的是一款新车的一个具体型号，那么你在路上开着车的时候就会发现似乎每隔 5 到 10 分钟，就能看见相同型号的这款车——突然间它无处不在。由于你反复地有重点和有感情地关注这款车，你的大脑就会变得入神，然后开始把你的注意力集中到对外部世界的观察中，寻找这款车。我们以类似的方式把注意力集中到目标上，就能激活大脑来帮助我们实现目标。

人的注意力的惊人能量

人的注意力的力量是怎么发挥效果的？我再说一次，它是通过"预置你的未来注意力"来发挥效果的，这与电视广告影响你的方法相似，还记得你突然发现无所不在的那款车吗？

但是注意力的力量似乎远不止这点。人们运用积极的形象化方法，赢得了运动比赛、克服了心理和生理上的残障，这样的事例数不胜数。一个人要是反复对某个具体的结果进行形象化的想象，甚至是在脑中描绘出与人"巧遇"的情景，常常能"梦想成真"。

我们的注意力和思维将我们注意到的东西吸引过来，是"吸引力法则"在起作用。对于商界，注意力往往借助潜意识的力量来发挥作用。我相信你已经读过有关潜意识的书籍或者对其有过体验，它有着惊人的力量，它能让我们做成自己根本不敢想的事情。比如，在催眠状态下，由于大脑潜意识的力量，比较瘦弱的人能够举起重量惊人的东西、内向的人能克服拘束、常年烟瘾的人能够戒烟等等。

当我们有意识地把注意力集中到我们想要取得的目标上时，实质上就是在对我们大脑的潜意识进行程序编写。

神奇的陀螺仪效应

你是否有过把一辆自行车倒立过来，然后把前轮转动到很快的速度的行为？如果你这么做过，那你可能已经注意到，如果你转动车把从而改变高速旋转的前轮的朝向，前轮就会迅速地回归到它最初的旋转方向。

实际上，当我们骑自行车时，保持车身直立并且能前进的原因，正是由于前后两个快速转动的车轮所起的上述作用。这就是为什么你能够在快速前进的自行车上双手放开车把，自行车仍然会直行且不会摔倒。

这被称为"陀螺仪效应"，可能你早已见过小的玩具陀螺仪，它能够在一个小点上取得平衡，靠的是里面快速旋转的转轮。与自行车类似，旋转的陀螺不会倾倒，这全靠转轮产生的稳定力。

实际中，飞机和船舶上的指南针（罗盘），正是靠这种保持方向不变的能力来正确地导航。这些高端的指南针内部都装有小型的旋转陀螺仪。我曾驾驶过私人飞机，每一位小型飞机驾驶员在启动飞机时要做的第一件事，就是确认飞机仪表盘上的陀螺仪处于开启状态且向上旋转。正常情况下，陀螺仪将会永远保持其指向的准确性。

所以，一个快速旋转的转轮可以提供持续的指向。你看出这一目标之间的关联了吗？潜意识里一个持续萦绕的对目标的想法，能将你引向你的目标。

飞轮效应与潜意识萦绕

转轮不仅能保持朝向目标的方向，也能在自身内部储存极大的能量和力量。在物理中，一个旋转的质点所产生的能量叫角动量，其中储存着十分可观的势能。如果转轮很沉且规模庞大，那就被称为飞轮，可以用来为机器提供能量。

例如，在 20 世纪 50 年代的瑞士，一些用作实验的城市公交车的内部装上了沉重的旋转飞轮，这些飞轮能在没有其他任何发动机的情况下为公交车提供能量行驶，让其能穿城而过。

如今，与楼房规模相当的巨大飞轮将要在美国投入使用，在非高峰发电时段为美国的电网储存能量。它们是这样工作的：在夜间用电需求和用电成本较低的时候，用大型电机使飞轮转动起来，然后这些转动的飞轮又会在白天用电需求较高的时候驱动电机工作。储存在旋转飞轮中的能量，理论上可以为整座城市供电。

所以，一个快速旋转且质量极大的转轮能够存下相当多的能量，我将把转轮能够储存能量的能力称为"飞轮效应"。而这可以与潜意识里的思维萦绕进行类比。

目标萦绕对于工作的推动

你在潜意识里的思维习惯就像这些旋转的转轮，一旦你养成了在潜意识里对某个想法进行思考的习惯，能给你的思维带来方向指引以及能量，并使你保持始终如一的立场。就像自行车或陀螺仪上旋转的轮子，让你的相关思考的朝向保持不变。

如果思维的习惯是好的，就可以促成好的结果。例如，如果在你潜意识里的思维萦绕是关于自信的，它们会变成自信的想法和行动，让你能淡定面对不安定的外部世界。要让在你潜意识里萦绕的念头对工作目标起到支持作用，这些目标包括薪水提高、职位晋升、创造新产品、实现高销售额等等。这样，你的目标就得到了激活。

形象思维的巨大作用

如果先在脑海中把自己的表现想象出来，那么你在实际发挥中就会更容易达到预期。这已经成了体育训练的重要手段。

例如，杰克·尼克劳斯和许多其他著名的高尔夫球运动员都表示，他们在实际击球之前形象化地想象高尔夫球飞行的轨迹，会产生非常强大的效果。他们在自己脑海中"看见"高尔夫球划过空中、落在了他们期望的地方，并认为形象思维帮助他们获得了成功。

事实上，在非体育类活动中，形象思维也会起到同样的良效。

伟大的心理控制术

我最喜欢的一本谈及形象思维的书，叫《心理控制术》，作者是麦克斯威尔·马尔茨，这本书卖出了几百万本。马尔茨认为，一旦你对一个目标进行反复地形象化想象，你的潜意识会自动把你导向这个目标。

催眠术是一种被大家认可并被广泛应用的针对心理障碍的治疗法，无论这些心理障碍是恐惧、恶习，还是错误的信念。催眠术的成功告诉我们，人脑能靠潜意识暗示的力量做出改变。马尔茨在其书中解释了我们在做形象思维时如何对潜意识造成影响，这与催眠没有太大的差别，于是潜意识开始相信那些形象化的图景是真实的，并开始依此来运转。马尔茨还举出了很多潜意识在商业上发挥作用的例子。

例如，马尔茨描述了销售人员经常进行角色扮演，以训练他们与客户打交道时的销售技巧，并将他们的预期销售结果形象化。销售人员通过一遍一遍地演练他们所期望的客户在会面时做出的行为，能让他们的销售更加成功。

在《心理控制术》这本书里，还有关于形象思维能够提升表现的很多案例，比如人们如何运用它来找到更好的工作、运动教练让学生"只在"脑中训练以及形象思维帮助治愈伤痛或者延缓衰老。

马尔茨在书中提出的形象思维的技巧被他称为"心理剧"。你写出一个剧本，然后你闭上眼睛，在脑中演出这个剧本，每天一次。在此期间你形象地想象着自己成功实现了目标。马尔茨说，在21天之后，你会看到惊人的结果。

"创造性想象"及"注意力"

形象思维法的作用在几十年前就已经被人们认可，拿破仑·希尔在其《思考致富》一书中描述了上面所论述到的同一种现象，他让你写下一份表述，描绘的是你希望得到的成功，并叫你每天都阅读这份表述，最终能帮助你实现自己的梦想。

近年来，很多管理学大师都提到了形象思维法。在史蒂芬·柯维的《高效能人士的七个习惯》一书中，"习惯二"被称为"以终为始"，它认为"任何事都是两次创造而成的"。我们做任何事情都是先在头脑中构思，即智力上的第一次创造，然后付诸实践，即体力上的第二次创造。明白了两次创造的道理，把设定目标看得与实践本身同样重要，影响圈就会日益扩大。在你尝试努力之前，你应该先把想要的结果形象化地想象出来。

在史蒂芬·柯维另一本有名的著作《要事第一》中，他更加详细地阐述了这一点，多次描述了一个被他称为"创造性想象"的形象思维技巧。他说，正如能够被用来提升运动成绩一样，形象思维也能被用来提升你的生命质量。他鼓励我们每天都留出一点儿时间，独自闭上眼睛，想象我们正按照自己希望的那样表现着。他富有洞见地指出："我们可以靠想象力活着，而不是回忆。"

管理学大师博恩·崔西已经出版了 50 余本有关成功、目标管理的书，并几乎给全美国的公司都做过讲座，他经常提到的就是"注意力的力量"。他在他的书里反复说到，管理好我们的注意力，是实现目标的关键，我们投入注意力的事情才会有发展。在他名为《目标》的图书中，他谈到运用形象思维来改变你大脑中的图景。他描写了一个由 4 个部分组成的形象思维训练，内容是你想着一幅关于你想要的东西的心理图景，这能帮助你实现它。

改变世界的吸引力法则

"吸引力法则"是希克斯夫妇的学说的核心，该理论主要说的是"同类相吸"，你的任何思想和感受，都是你向宇宙发出的请求，宇宙会回应给你更多你想要的东西。你应该专注于喜悦、丰足的事物之上，这样才能吸引回来更多积极正面的事物。朗达·拜恩的《秘密》出版于 2006 年，该书销量达数千万册，促使读者们意识到"吸引力"（或者说是"注意力"）的神奇力量。

很多人接受了这句话中的真理：你投入注意力的事情，才会真正成功。这一点，结合对潜意识力量的认知，就是"目标激活法"的核心内容。

目标激活真的有必要吗

经常有人会有疑问，如果"目标激活"的方法这么简单，还真有必要专门去做吗？毕竟，很多人并没有每天都温习目标表述，但也实现了目标。事实上，当你反复地把注意力集中在愿景上，将其作为你工作的一部分，这也就激活了你的目标。

例如，你是一个建筑工人，要根据一套建筑图纸来建造楼房。每一天，你在研究当天工作细节的时候，不得不在脑海里想着楼房的整体构图。随着你每天都这么做，你的脑海中会有着这个庞大的画面，并知道这些建筑的部分要如何才能组成一个整体。如果你的运气够好，甚至就已经见过了房子未来的主人，领略过了房主对这栋楼房的热情与兴奋，并能够与其一同感受那种活力。可能你甚至还发现了这个建筑的设计与你所喜欢的非常相似。像这样来进行工作，与"目标萦绕"的练习是一样的。很多人会自然而然地以积极的方式激活他们的目标，在他们的日常工作时间中，这是他们工作内容的一部分。

这是一个理想的例子，你在工作的过程中不断地被提醒着你的最重要的愿景和你对愿景的积极热情，所以无须花费多余的精力，你就已经让这个目标在脑海中萦绕了起来。如果你能把这样的工作安排得过来，那就应该这么做。

目标激活能改变一切

对于我们大多数人来说，在我们的全职工作中很难有机会看见积极的愿景。相反，大部分人只是被分配到了整个行动的一小部分中，他们很少能听到他们被分配的工作所承载的愿景。通常，他们听到的只有问题和毛病。

就算我们中那些"应该"每天都接触到愿景的人（如上司、主管、经理、个体经营者等），一般也不会自然地去进行目标的激活。实际情况是，我们在截止日期、各种问题和方案之间疲于奔命，用掉了大量的时间，于是很快忘记了那些积极的愿景，因此就无法坚持每天都为目标而努力。

与之类似的，一次激励动员会的效果可以持续几天，但是往往不能长久。"执行"就像管理一样，其琐碎的细节在日常的工作活动中是占主导地位的，这会导致"愿景"淡出他们的视线。所以，在这样的情况下，你就需要找出时间，每天自己来激活你的当前目标。我希望你把它安排成一个具体的每日工作，以确保能够完成。你可能会以个人的身份来做这件事情，但如果你领导着一个团队正为某个目标而努力，那你就要找个方法来让你的团队成员每天一起激活你们的愿景目标。

学会战胜你的"负面情绪"

举个例子，"每个月底领工资时，就知道自己的钱不够用"，你脑中一直萦绕着的想法是"缺钱"。本质上来说，你在进行消极的目标萦绕。潜意识才不管你说的是"我想要它"还是"我不想要它",潜意识关心的只是你关注的是"什么",并努力让你获得更多对此的体验。所以如果你的注意力持续地集中在关于"缺什么"的坏情绪上,就会带给你更多负面的事物。

再举一个例子。一些工作团队中,大家都热衷于对工作、项目、领导的管理以及公司等进行抱怨,这成了一种流行病。我们很多人都加入过这样的负面谈话,只是想要融入群体。你是否看到这对你在工作中实现目标造成多大的负面影响?你这么做的时候就是在进行消极的目标萦绕。

有些人觉得管理好一个项目的最佳方式,就是关注和管理消极的问题,但这只会让你的目标变得更难实现。在上班期间做的问题萦绕,甚至可以让你在清晨时候做的目标萦绕变得无效。举个例子,请在脑海里想象:一辆四轮驱动的汽车被一架起重机吊离地面,这辆车的其中两只轮子往前转动(如同清晨的目标萦绕),但是另外两只轮子错误地往后转动(如同上班期间的问题萦绕)。如果把汽车降下放到地面与道路产生接触,汽车就会猛烈地摆动,哪里也去不了。但是,如果四个轮子都基本往同一个方向转动,那么在车轮接触到路面的那一刻它们就会产生充足的向前的动能。所以,在上班期间要以积极的态度投入工作。

让自己告别恐惧和担忧

恐惧和担忧是你所能做到的最坏的"消极萦绕"的形式。如果你害怕你的上司、害怕完不成工作指标、担心自己的饭碗，或者把关注点集中在你的工作场所中会令你产生恐惧的任何事情之上，那么这种恐惧就会阻碍你去实现目标。

"担忧"也是一种强大的消极思维萦绕。你可能觉得，自己为在实现目标的道路上所有可能会出错的事情而担忧并制订计划，是一种负责任的表现，但实际上并不是。在运作大型的商业项目时，你当然应该为可能产生的消极结果做一些计划，这叫风险管理。但是我强烈建议你只需花上一刻钟的时间在脑中构想你要承担的消极结果，然后迅速转换为解决模式。

清除所有长期的消极习惯

在你的生命里，有太多的"预置信息"已经被写进了你的潜意识，并持续多年。这些"预置信息"从你的童年开始，消极的童年和成年后的体验，都会在你的潜意识里制造内部问题，继而向你的显意识灌输抑制的情绪和消极的自我对话。它们会阻碍你达到目标，除非你着手处理它们。

玛西·西莫夫在她的《纽约时报》畅销书《快乐人生7步骤》中说，科学家告诉我们，我们平均每天产生6万个想法，其中95%是与我们前一天的想法相似或者一样的；而我们80%的想法都是消极的。想象一下，我们每天做着多少的消极思维萦绕，且根本没有意识到它们在发生。

所以，你要做的是让那些对你实现目标有益的积极的"预置信息"在脑中萦绕起来，消除你过去长期的自我限制问题。

日常实践中的目标激活

每天都要做目标萦绕，我的习惯是在每天清晨喝咖啡的时候进行这项工作。我拿出工作列表，然后花 5 到 10 分钟把全部内容看一遍。我喜欢做这件事，这提醒我自己什么是最重要的东西，并在每个清晨都为去上班找到新的动力，这种感觉好极了。

每天都要进行完整的激活流程。如果你是为目标努力的团队中的一员，那么就要考虑与团队成员一起做目标激活，这对于许多销售机构来说并不是什么新鲜事。拿破仑·希尔（《思考致富》作者）发现在与多人有关联的目标上，这种团队可以通过 1+1 > 2 的方式创造更加强大的注意力力量，从而更加容易实现目标。他把这样的团队称为"智囊团"。

更有可能的一种情况是，如果你是单兵作战，那就要保证"确实"每天都对目标进行了激活。实际上，在埃森哲咨询公司——我工作了多年的地方，我所在的公司管理团队在决定是否提拔基层员工进入管理层的时候，首要考虑的因素是：这名员工在晋升前，是否"已经表现得像一个管理者"？如果这些员工已"表现得"像是他们已经在这样的职位上，那他们就会得到提拔。我推荐你也这样对待你的目标。

小结

本章里的一个基础课程是你可以通过运用"当下"概念来激活你的目标。

"当下"的力量

你可能听过一本名叫《当下的力量》的书，作者是埃克哈特·托利。在这本书里，托利描述了"当下"的重要性。托利的思想是，你对待当下的方法，藏着享受现在以及将来生活的秘诀。

如果说你当下的自我意识的水平决定了你的将来，那决定你的自我意识的又是什么？是你呈现自我的程度。托利认为，你在"当下"中呈现的方式，影响着你现在以及将来对生活的体验。我们常常对过去已发生的事情感到后悔，并对未来未发生的事情感到担忧，事实上我们唯一能拥有的就是当下，在当下好好地呈现才是最关键的。

在你的"当下"中高质量地呈现自我所产生的结果是：通过"目标激活"可以创造你的人生。正是通过每天花上几分钟的时间来保持高质量的自我呈现、专注于你的目标，你才得以创造你的未来和你的人生。目标激活是真正的"当下的力量"。

目标激活回顾

在本章中，我描述了如何通过目标萦绕的过程——每天花上片刻工夫对你的目标进行复习和形象化思维——来激活目标。关键的一点是要让目标在你的潜意识里安静地"萦绕"，你从而就更能预先知道该做哪些对你实现目标有助益的行动。随着目标在你的潜意识里活跃起来，你就能经常发现并不太显眼的解决方法。

目标的激活是有用的，这是因为人的注意力是一种非常强大的东西。目标激活起作用的方式与电视广告相同——激活我们在情绪和感受层面上的思维活动，引导我们做出与目标一致的行动。

目标萦绕可以被比作一个指南针，因为我们通过萦绕（旋转）我们的目标，为自己指明了通往目标的方向，获得了为目标而努力的能量。目标萦绕把目标置于"牵引"模式中，于是我们就更容易、自发地做出方向正确的行动。这样一来，我们发现自己更加成功地实现了目标。

目标激活很重要，因为我们无意识的自我对话力量非常强大——我们要干预自己的自我对话，让其与我们想要的结果一致。多年来，几百位成功学和管理学专家都证明了形象化思维的力量，这是目标激活的本质所在，已经经过时间检验而且得到了充分地证实。目标激活简单、快捷，甚至做起来会很振奋人心。你可能需要持之以恒来保证自己每天都做目标激活，但是得到的结果绝对与你的付出相匹配。

CHAPTER 13

第十三章
没有执行力的人生，不值得过

在工作中，你是否常常会觉得自己缺乏执行力？"先放一放，晚点再干"是你经常用的借口。出现这样的情况，往往是因为你不喜欢去做自己不感兴趣的事情，所以想要尽量延迟痛苦的发生。比如要跟某个讨厌的客户沟通项目进度，跟经常发生分歧的同事协同合作，你想赶紧逃离，并编织各种各样的理由去麻痹自己。此外，如果将要做的事情不能给你带来很大的价值感，或者需要很长的时间才能看得到效果，比如领导要求你做一项长期的市场调研，或者你接了一项即便干了也没什么收益的活，你自然兴趣不大，导致迟迟不愿意开始。

没有执行力，喜欢拖延，其实是一种自我欺骗。以为只要不去证实困难，它们自然就会慢慢消失，或者给你委派工作的人就慢慢遗忘。你需要做的，是勇敢面对这些困难，然后学会去控制它们。比如，你可以适当调整自己的期望值，想想即便完成这件事情不能马上得到什么好处，说不定能帮助自己累积人脉，多了一个成功案例，提升自己在团队中的地位。

另外，把长远的目标切分成一个个小的行动步骤，是减少内心恐惧的有效方法。因为有时候你会觉得面前的工作太大太吓人，自己根本无力完成，所以把本该昨天就要完成的工作，拖到今天，再一天天地往后延迟。你可以尝试这样做，比如你要完成一个销售报告，可以将它分解为：收集数据、导入数据、对数据进行分析、得出结论、对报告进行美化等。分析数据又可以进一步分解为：销售区域数据分析、横向对比、各月销售指数变化等。别强求自己当天内就将这些工作全部完成，一次只要迈出一小步，心里就会舒服很多。

在工作中，首先要确定好执行对象，如果是与同事协作，要在前期就确定好彼此的分工。其次，要确定需要达到什么目标，以及努力的方向和期限。再次，进入执行阶段，在过程中不断调整工作节奏。最后，沟通和改进。每个项目都可能遇到瓶颈和困难，在关口不进行沟通，往往容易酿成大错。及时改进，就能确保少走弯路，保障执行的最终效果。

进行头脑风暴，制作思维导图

既然前边提到执行力，那么就得找到好的工具，将脑海里的规划落实到纸面上。我最喜欢的方式是通过头脑风暴绘制思维导图——一个描绘和记录点子的系统工作。你在一页纸张的中心写上目标，再开动脑筋寻找与目标有关的各类主题，然后在各个主题后面写出它们的副题，像射线一样在纸上伸展开去——构建一个树形图。你的思维要转动得很快，在有想法和点子冒出来的那一刻就要把它们记录下来。以我的经验来看，这种自由发散的格式似乎比线状的列表更能激发出想法和点子。

你可以在纸张上创造这些思维导图，但我最喜欢用名为MindManager 的软件工具来做这件事情。这个软件，它能自动生成思维导图，并能让你在进行头脑风暴的时候轻松地对思维导图的内容和结构做出修改。你可以折叠导图中的各个分支，随意地移动它们，并在上面增添符号标志。

虽然"头脑风暴"是个很好用的工具，但我还是建议你在新目标的早期阶段不要运用它。相反，花几分钟的时间，仔细考虑一些可行的行动路线和步骤，让它们在你的脑海里形象化，然后再重复做一次，但这次要更加认真。

为什么在最开始的时候只做一点儿计划？你看，在经过每日激活之后，很有可能当你的潜意识寻找到更好的行动路线时，另一组不同的行动步骤就会浮现在你眼前。所以要做好准备，当新的灵感出现时就抛弃最初的结果。

学会做好行动计划

如果行动步骤的数量很多，请试着制订包含有具体日期的事件时间表。我之前提到的 MindManager 软件有一个可选的集成项目管理拓展模块，名叫 JCVGantt（一个项目管理工具，可以方便快捷地生成甘特图表）。这个模块把头脑风暴得出的工作从思维导图中挑选出来，再把它们转换成相互连接的项目时间轴。这种将计划与思维导图连接起来的功能很出色——它节省时间，而且你在计划中做出的改动，也会同步到高层次的导图视图里。

像这样的项目计划很有用，主要体现在跟踪附属行动及相关日期上。不过，对于你的个人目标，我想你可能不会经常制作时间轴——个人目标时常比上述这样的目标更加笼统。如果你确实制订了这样的计划，千万不要成为计划的"奴隶"，要把它当成一个向导，但在必要的时候也要重新调整计划。目标激活可以引导你产生新的见解，所以要做好这样的准备。

排除外界干扰，推动项目执行

如果你手头正在进行一项工作，比如给客户写策划方案，你感觉自己灵感源源不断，完全沉浸在一股激动的情绪中，就像微微喝了点儿酒，敲击键盘时已经进入"狂欢"的状态中。这时，同事突然叫你参加小组的讨论会，而且非常紧急，你不得不停下手头的工作，硬着头皮去开会。等你回来，花了一刻钟，方才找回之前的状态。突然，另一项工作又打断你，有一个客户临时来访，老板需要你一起陪同。回来后，你试图完成被搁置的策划方案，但再也找不到之前的灵感了。

可见，在进行工作的时候，尽量学会抗干扰，要锻炼自己"收心"的能力，如果工作不得已被打断，就用笔记录几条脑中正在思考的步骤，帮助自己回来时更快地进入状态。此外，如果手头的活儿十分重要，面对突然安插进来的工作，可以委派他人去协助完成，或者提出解决建议。比如，小组的讨论会可以委托下属代为参加，将讨论结果知会你即可。客户来访也可请老板安排其他同事代为陪同，并说清楚自己的难处。

要学会"管理"上司

你是不是经常在工作扎堆时，遇到上司临时安插新工作的状况？你有没有适当反映真实的难处？不要以为上司身居高位，自然能把一切都看得清楚。如果你忍气吞声，到时候完不成工作，吃亏的还是自己。

因为你不说，上司自然觉得你控制得很好，足够有时间做完这么多的事情。或者他早就忘了之前已经给你安排了太多的工作，因为他也在为自己的工作焦虑，想着尽量能把活儿分摊下去。上司其实是需要你去"管理"和提醒的。遇到这种需要你救急的状况，你应该让老板清楚你手头的工作，请他帮你排列出工作的优先顺序。你可以说："我们这周要达成以下几个目标，您觉得哪个最重要？""我自己提前做好了工作流程表，请您看看哪些是要优先完成的？想听听您的建议。"这样一来，就能把需要加快进度而你又有能力完成的项目确定下来。值得注意的是，交流过程中要体谅到上司面临的压力，学会在他的立场思考，重点是真正协助他一起解决问题，而不是把难题一股脑儿地推给对方。

始终把效率放在第一位

效率低下是很多人在工作中碰到的难题之一，他们经常发现自己工作时长不短，但是手头的活儿却越堆越多，甚至要经常挤占下班或周末的时间。这些人有个误区，以工作时长而不是效率为判断标准，觉得自己非常努力，常常每天工作 12 个小时。

事实上，他们上班时很多时间都花费在喝咖啡、茶水间聊八卦、接听家人朋友电话、浏览热点新闻、参加无关紧要的会议上了。即便是在加班，也常常因为跟同事讨论到底订哪一家的外卖而耗掉半个小时，吃完外卖，再收拾一下就心满意足地回家了。工作的主要目的并非为了享受过程，而是为了实现目标。做事要专注不要分心，这个法则看似简单，却很少有人能贯彻始终。如果你持续地感觉低效，就尝试着在工作时，停止被社交网站、零食、来闲聊的同事干扰，对外界信息的吸收更有选择性，才能真正集中精力，去做好手头的工作。

专注的人往往更容易成功

你是否经常边打电话边写 e-mail，或者还抽空看看今天的热点新闻？一心多用被你视为了不起的本领，你以为这样做能节省出来很多时间。事实上，情况恰巧相反。一旦注意力涣散了或无法集中，你心灵的门户就关闭了，一切有效的知识信息都将无法进入其中。你分心同时处理数个问题，然后注意力突然转移到其他事情，再回到刚才在做的事情上时，就得花很多时间才能让自己回到轨道上来。

因此，你在处理工作的时候要尽可能地专注，不要只顾追求表面上的高效率，让每件事都只完成半截，这样更容易出纰漏。学会在工作的时候将自己的注意力集中起来，这是一个成功者的天才品质。想象一下，如果你脚踏两条船，要到达对岸就非常困难。如果你同时驾驭四五条船，其危险性可想而知。"抵制诱惑"是专注者要秉持的信条，假如我们将注意力分散到不同的事情上，左顾右盼，最终只会把自己淘汰出局。

找到你的最佳工作时间

我们大脑活动的效率在一天内是有规律的，不同的工作时间有不同的效能，每个人的特点习惯不同，在一天中也会有不同的有效时间。只有合理利用有效时间进行工作，才能提高工作效率。许多科学家对一天中最佳的用脑时间做了研究，结果发现上午 8 点到 10 点是大多数人工作效率最高的时间段。

你可以慢慢摸索，找出自己的最佳工作时间，在这个时间段内尽量杜绝外界的干扰。因为你的工作一旦被打断，再回到原来的状态就很难了。你也应该把最重要的工作放在这个时间段去完成，既能集中精力攻克难关，又能让后续的工作更加轻松。

执行力是可以训练出来的

再大的目标，开始第一步行动是最关键的。就像管理学中经常说的：如何吃掉一头大象？不要想着一口气把它吃完，要把它切成一小块一小块，每天花 10 分钟，每次只吃几小口。任何看似巨大的、无比困难的工作，其实就像这头大象，你一直觉得无从下手，所以才回避它。但是只要你每天咬一小口，不强求自己一下子做完，假以时日，大象总会被你干掉。因此，即便像"提升年度销售业绩"这样的"大象"，都是可以被分解的，可能你的第一小口就是"先列出所有潜在的销售对象"。

执行力强的人的几大特质

首先，工作意愿（动机）明确。很多工作并非你有意拖延，而是你没有足够的动力去完成，尤其面对难啃的客户、严苛的上司时，你常常会想办法避开。所以，要告诉自己每时每刻你都可能经受新的考验，平庸的人往往在小风浪前就退却了。你只有做到对工作的期望比老板更高，把工作当成自己的一项事业去经营，才能有贯穿始终的执行力。

其次，逻辑思维强，注重细节。执行力强的人，会更讲究条理性，会提早针对目标做好规划。此外，他们会在工作中找到乐趣，每一个细微处的改善，都能让他们汲取经验，运用到下一个项目里去。比如，"寿司之神"小野二郎是全球最年长的三星大厨，他永远以最高标准要求自己和学徒，对每一道工序都精心钻研，甚至为了保护创造寿司的双手，不工作时永远戴着手套，连睡觉也不懈怠。

最后，应变能力强，有求胜的欲望。工作的应变能力可能是本能的，也可能是经过大量思考过程后，所做出的最优决策。只有不停地锤炼思维，让它不固化，才能保证工作达到事半功倍的效果。此外，工作要想变得更高效，执行得更到位，我们还要有求胜的欲望，因为每一处困难都蕴藏着机会，"差不多，还可以"这样得过且过的借口尽可能避免。

每天都要进步一点点

很多目标设定方面的作家这样说：即使是很小的目标，你都要在你为其努力的"每一天"做些行动，这么做至少可以给你每天都带来一点儿进步，而这些进步会随着时间而累积，促使你达成目标。例如，如果你要重新粉刷你的房子，你可能每天都只做一小部分的工作，但久而久之也就完成了。虽然说目标不只是一系列的步骤，无法仅仅靠运用意志力来实现，但正是这一系列的步骤，驱动你朝着目标前行。

写书是很多人都有的一个目标，但是难度相当大。等着与题目相关的灵感的涌现，直到灵感到来时才会动笔，这是大部分人秉持的态度。他们认为如果不这样做，写作就是无味和缺乏深度的。事实上，灵感并非每天都按时到来，作者应该创造环境，每天都写一点儿，即便刚开始方向不对或者没有思路，一旦进入状态，就会发现一切都是可以调整的，关键是得先"做"起来。

你有没有参加过跑步比赛？如果你参加马拉松，最好的办法是观察一下比赛线路，把整个赛程分解为一个个小目标。比如第一个目标可以是一幢标志性的建筑；第二个目标是一座信号发射塔；第三个目标是一扇大学校门……这样一直分解到赛程的终点。比赛开始，你就要以最快的速度努力地奔向第一个目标，等到达成第一个目标后，再以同样的速度冲向第二个目标，这样不停地反复，你才能跑完全部的赛程。漫长的工作历程也像一场马拉松比赛，你只有每天完成一部分，坚持不懈，才能最终实现自己的职业梦想。

小结

治愈拖延症不是一件简单的事情，学会分解工作对你非常有帮助，这样做之后，工作就不会只有完成和未完成两种状况。每前进一小步，就能看到工作被攻克了一点点，你就会有坚持下去的动力。

高效执行有助于推进目标。如果你每天都为自己的目标做一点点努力，行动的灵感就会定期来到。

为了辅助执行，你需要做一些头脑风暴——比如制订一个行动步骤列表，或者制订一个简单的计划。

目标执行时，要制订详细的行动计划，但是不要变成行动计划的奴隶，必要的话就重新对计划进行调整。执行力是真的可以训练出来的，关键是分工明确、定好目标和期限、及时改进和沟通。

CHAPTER 14

第十四章
不断调整目标，相信自己能够成功

你应该为自己设定有多大挑战性的目标？正常来说，最开始设定目标的时候，你要超出自己的"舒适带"，但不要超太多。有些紧张的感觉的产生是很自然的，我们在设定了较大的目标的时候会感到紧张，这是因为我们太胆怯，习惯于事情长期以来一贯的样子，所以即便我们希望能有一个简单的提升，也会被自己的心理活动压迫回去。这可能会给我们带来一点儿不适，但这正说明了我们的努力方向是正确的。

必要时候，更大胆去想

超越自己目前的观念，是你实现目标的唯一方式。

我们假设，你向自己保守地提出要让工资提高 2%，你相信自己完全可以实现。但是，如果你对这个新目标在情绪上的反应是"这个目标太小了，不够令我兴奋"，那么它将会很难实现。

把你的目标提高到你会为之兴奋的程度，要大胆地设定更大的目标，即使你不知道如何去实现。如果你对目标无从下手，可以放弃对"怎么做"的先入为主的观念，而只是关注于"为什么"。记住，你的潜意识总是会回答"为什么"，而不是"怎么做"。实际上，"怎么做"会让你分心，让你在细节中迷失，阻碍你的前进。

现在，把你的目标提升到高于你所认为的自己的能力水平。这能让你为这个更高的目标感到兴奋，但是马上会有另一种声音："我根本做不到！"如果这个声音很强大，会使你对目标感到非常悲观，如果你的肠胃扭成了一团，那会令你的潜意识无法接受新的目标。你现在别无选择，你需要调整你的观念，让它适合更大的目标。

推开过去这道"玻璃天花板"

你看，因为我们坚持着对自己能力以及周围世界的观念，于是就给自己创造了一道"玻璃天花板"，而自己根本没有意识到。我确定你已经听过了人们在催眠状态下会接受愚蠢的限制性指令的故事。例如，在催眠的状态下，他们被告知自己的手太沉了抬不起来，于是他们就真的无法把手抬离桌子。

同样，我们对自己和周围的世界抱持着负面态度并形成各种"偏见"：我们无法赚那么多钱、我们不能胜任重要的岗位，我们不能与高阶层的人交往。这些偏见锁住了我们，让我们无法伸展。所以，实现目标的第一步就是去除偏见，要相信目标是能够实现的。

机遇总是留给准备好的人

很多情况下，一些人花数年的时间才能晋升到管理层。不过很多公司在员工做好准备之前，就会把高难度的项目分配给他们，这样一来他们就被迫要迅速地成长，以胜任工作的考验。而像埃森哲这样的公司也会这么做。所以，你只有调整自己限制性的观念，才能担负起各种突如其来的重任。

在遇到一个好机遇之前，你要努力让自己成为一个优秀的人，至少是个睿智、有担当的人。对你的老板、部门或同事来说，你的才能是不是不可或缺？你的工作态度是不是正面而积极？这是考验你能否担当大任的关键因素。所以，成为你能力所及的最好模样，你才能收获机遇的垂青。

克服限制性观念的方法

克服限制性观念的方法有很多，你可以登录我的网站：MasterYourWorkday.com/RecommenedResources，在那里你会找到每一种方法相对应的链接。

对于解决类似这样的恐惧以及各种不同的其他限制性观念，有一个方法叫"神经语言程序学"（Neuro-Linguistic Programming）。作家安东尼·罗宾在《激发无限潜能》一书中对神经语言程序学进行了重点介绍。

"西多纳释放法"，它有着强大但是很简单的技巧，让你可以克服自己内在的抗拒，从而提高自我。有很多的身心关系的技巧可以用来突破那些根深蒂固的限制。有一个方法叫 Psych-K，这个方法运用肌肉力量的测试来隔离出并修复限制性观念。另一个最近流行开来的方法是"情绪自由疗法"，也被称为"拍打解决法"，它最开始是被开发用来帮助创伤病人克服他们的恐惧，但是最近被发现也可以用来解除其他方面正常的人的限制性观念。

"要是……有何不可？"解决法

如果你仅仅是对制订的新目标有一些"犹豫"，我有一个简单的程序你可以用来找出自己观念当中的误区并且"驳倒它"。我把这个技巧称为"要是……有何不可？"解决法。在这个方法中，你把新的目标表述出来，再在内心中寻找自己对目标的反对理由。然后，你一次一个地在自己脑中驳倒这些反对意见，直到你不再抗拒这个目标。

下面是具体的步骤：

1.写下一个很简略的愿景，最好加上有难度的指标，这个指标能让你感到兴奋最好。

2.表述方法类似这样："要是我找到了一个方法可以轻松……"假设你因为家人人数的增加而急切地需要一间更大的房子，那就这么写："要是我找到了一个方法可以轻松……得到一间比我们现在的住房大50%，但是一样好的房子。"加上了"要是……"作为引语能消除你对目标的不自信和紧张感，也能抵消你潜意识中起到自我限制作用的关于"如何做"的顾虑。

3. 现在，向你自己读出这份表述。你的直觉是什么？如果你的直觉愉快地回应道："这会很棒，我期待着。"那么从现在开始，任何时候当你激活目标，都在其中加上"要是我找到了一个方法可以轻松……"的句子。

4. 然而，如果你仍然对当前目标表述感到强烈的疑虑，就进入下一级。你要找出你对目标的抗拒或者疑虑的源泉。在这个例子中这句话可以是："这不会实现的，因为……我们没有钱买更大的房子。"

5. 然后，对于你的抗拒，以一种可以减轻抗拒的方式来问自己："有何不可？"问问自己为什么"要是……"的表述没有用。所以在这个例子中可以这样写："我想我有可能找到一份新的甚至更好的工作，工资水平要高得多。"即便你并没有马上就找新工作的打算，但不管怎么样先把它列出来。也可以是"我的配偶可能会得到加薪"，或者"可能会有一个少见的筹资机会，可以满足我们每个月的需求"，或是"可能会有一间抵押出售的房子，正好能满足我们的需要而且处在一个我们能接受的价位"，尽可能多地列出这些可能性。

这就是头脑风暴，所以不要对任何事情说"不"，不要过滤掉任何你觉得可能不合适的解决方法。重点并不是制订出你会执行的计划，而是对你的抗拒感列出很多可能的预期，从而"盖过"你内在的消极的声音。

6. 接下来，重写在你捕捉目标的这种可能性的过程中把你"卡住"的那部分愿景目标。例如："我知道自己可以找到办法来付得起面积大上50%的房子。我是个有创造力的人，会轻松地找到能顺利做成这件事的方法。毕竟，我列出了15种方法，所以我知道这是有可能的。我们会轻松地找到一个方法，让我们能住进舒适、宽敞、优美、可爱的房子，让我们更加快乐幸福。"

7. 现在再向自己念一遍愿景表述。感觉如何？如果你不再抗拒它，就说明你现在的状态不错。现在你可以把注意力投向对于目标的激情上，把这种激情用在你每天的目标激活中。但是，如果你现在或者之后读了新的愿景表述后又产生了另一种强烈的抗拒感，那就重复步骤4到步骤6，直到那一种抗拒感减轻。重复直至你"放弃"了向目标施加的消极能量，转而接受目标是可能实现的。

8. 带着更大的愿景生活一段时间，直到你感觉对了，觉得这个愿景是你的思维模式中的一部分。

顺便说一下，你可能看出了上面的方法是普通销售技巧的一个版本，你在其中作为一名销售人员，打消买家对购买商品的一个又一个的抗拒，你向他们展示这件商品也许正是适合他们的或是他们用得上的。你做的正是这件事情，你在向自己兜售新目标的"可能性"。你这么做着，所以你的潜意识不会进行阻止，而你也可以更好地激活目标。

你凭什么相信自己不行

请让我再次介绍下《心理控制术》这本书，它是形象化思维领域

最好的著作之一。在这本书里，马尔茨把他的调整观念的方法称为
"理性思考"。他认为，如果你发现自己对一个新目标说"我不行"，
那就问问自己："我凭什么相信自己不行？"然后他传授给你与上述的
"要是……有何不可？"解决法类似的一系列方法。重点是，一旦我们
从各个角度来质疑我们的限制性观念，就会发现它们中的很多都是站
不住脚的。如果你觉得在自己的"成功实现目标"工具箱中还需要额
外的工具，我鼓励你阅读一下这本书。

提高你的情绪设定点

如果你确实想养成超越自己当前的限制性观念的习惯，我还鼓
励你从另一个渠道学习。发明"吸引力法则"的希克斯夫妇，写了
一系列有关如何获得你生命中想要的东西的书籍。这个系列中最好
的一本书是《有求必应》。他们在书中描述了一个"情绪标度"，从
最底端的绝望到最上层的高兴或者欢乐。他们说，为了实现我们的
目标，我们需要改变自己对任何目标的情绪设定点，把这个点尽可
能地往上设定。

他们建议我们一步一步地做、很缓慢地做，因为把一个观念从
"我根本不可能做到"转变到"我为这个目标容易达成而感到兴奋"
是很困难的。他们说，这是一个非常大的跳跃，可以一次释放一点
儿抗拒感。例如，下一个层次的表述可能是："好吧，可能有办法做
到。"在那之后可以变成："我几乎总能找到办法成功。"诸如此类，
一层一层地提高，直到表述让你感觉合适。

这样做的重点是，在每一个层次都找到解脱。如果你在每一个层次都感觉到了解脱，那么你在取得进步。我说的"解脱"的意思是你对于自己实现目标的能力不再感到那么紧张，每一次你克服紧张，最好都能看到这一次的解脱比之前更多了一点儿。

运用形象化思维来"写剧本"

这个练习的内容是创造一个剧本，当你确立了一个新观念后，可以通过阅读剧本来强化这个新观念。它是一套围绕结果的各个具体方面的表述，这些表述作为一个整体可以使潜意识更加习惯于新目标，进而把新目标锁起来。

"写剧本"就是详细地记下你要如何同你的新目标一起过日子，你可以分两步来做这个练习。第一步，你用头脑风暴想出所有在你当前的工作或者个人生活中"可能会被新观念"影响的事物的列表。第二步，把每一个事物的全新版本写出来。

对于第一步，你应该在列表上写什么？列表上的一些事物会很明显，比如与财务有关的目标、生活得到提升的目标。

例如，我们假设你的目标是在工作中得到晋升，你现在相信自己能够胜任，但是你想要强化这个观念。下面是你要做的内容。

首先，你把明显的变化因素列出来，比如像下面这些：

我的薪水能够涨到哪个水平？

我的新的职位会是什么？

我的新办公室会是什么样?

我的新下属会是什么样?

······ ······

接下来,也列出稍微不太明显的事物:

我与同事的交往相处会有什么变化?

我与我的配偶的谈话内容会有什么变化?

我将要开始接受和寄出什么样的电子邮件?

一直用头脑风暴来完善这份列表,试着写上 10 项或更多的内容。

这是一份通用的列表,你可以从中挑选项目来制订"会有什么改变"列表。

我的态度

我的期望

我的谈话

我的日程

我的银行账户

我的花费

我的收入

我的自我对话

我在早晨醒来时的感觉

我在镜子面前踱步时的想法

我见到同事时的想法

我考虑到上司时的想法

别人给我寄来的电子邮件

别人给我打来的电话

（为这个题目增加任何其他的具体方面）

请浏览我的网站：MasterYourWorkday.com，来获取用 Word 和 MindManager 软件制作的这个列表的模板，你也可以在模板上输入你的点子。

好了，这就是第一步，做出会受影响的事物的列表。第二步，在每一项的旁边写上一个或者多个非常积极的"它们会如何变化"的表述。把积极的情感找出来并写进去，如果可能的话，找出每一个变化所包含的激情。

完成之后，把它打印出来，每一天，阅读剧本并在脑中描绘你在剧本中的经历。这是一个强有力的工具，能把这些改变输入你的潜意识，在你需要开始激发自己朝着正确方向自发性行动的时候，潜意识将发挥重要作用。所以要认真对待。

下面是一个很好的范例。

锁住新观念的神奇方法

简略的当前目标表述："我本季度的个人销售额提高了 35%，且实现了工作和生活的平衡。"根据你所处的行业，这个表述会很难让你相信。所以我们假设你已经完成了"要是……有何不可？"的问答步骤，而你现在相信这个目标至少是有可能的。你现在要运用"锁住新观念"步骤来更加适应这个新观念。

第一步是确定你的工作和生活的哪些方面会被这个目标所影响，第二步是写出要是目标实现了它们会是什么样。下面是两个步骤的结果。

1. 我的薪水：真好！这个月绩效提成多了不少！

2. 我的日程或者时间：我的客户希望购买更多的产品。我安排了与他们的销售会面（在脑海里描绘出来）。

3. 上司对我的态度："干得好，继续保持。你是其他同事的榜样！"

4. 同事对我的评论："你的秘诀是什么？能教我几招吗？"

5. 我与朋友间的谈话："是的，这个月业绩不错。我与客户签订的合同都要付款了。你们也能做到，只要把你希望取得的成绩想象出来，然后踏踏实实去努力就好了。"

6. 我的家人会有什么反应：（写出当你告诉他们，或是你带配偶外出用餐或者休假一周的时候他们的积极反应）。

7. 我的感觉：销售业绩的稳步提升肯定让我感觉很好。我喜欢待在自己的舒适带里，知道自己准备就绪，一切顺利、行云流水。感觉似乎我负责的合同都会成交。

8. 我的期望：我的业绩持续提升，我做得很顺，各个方面都很妥当，客户对我也非常认可。我现在对所有的合同都抱有这个期望，这一切的发生感觉非常自然。

9. 我的态度：我非常乐观。工作上的成功对我生活的方方面面都产生了影响，我更享受周末了，因为我在这一周里完成了所有的目标，可以心无旁骛地休息娱乐，感觉很自在。

10. 收到的电子邮件：我每天收到 10 - 20 封新的销售回复电子邮件。大部分都对我的工作进行了积极的反馈。

11. 我的活动：我向客户进行推销、做跟踪回访以及填写各类表格。我致电潜在客户，而且起到了效果。我还会指导初级销售人员如何做这份工作。

这虽然会显得有一点儿纸上谈兵，但是令人感到不可思议的是，一点点的形象化思维就能替换你身上长期存在的自我限制问题。

找出你的目标会影响你的工作和你个人生活中的一些方面，以及一旦目标实现这些方面会是什么样。

1. 我的饮食：我只吃健康的食品。

2. 我的皮带：我的皮带系得要比过去紧上 2 - 3 个扣眼。体脂率达到了合理的水准，感觉真好！

3. 我的衣着：我现在要买更小号的衣服了，太高兴了！

4. 我的腹部：我的腹部更平坦、紧致了。穿的衣服也更贴身了，这让我看起来更精神、更有活力。

5. 我的自我形象：我在镜子里看到一个身材匀称、体格健壮的男人。

6. 我的姿势：我站得更挺拔了，看起来更加健康。

7. 我的态度：我感觉很好，更加自信了。

8.我的期望：我期望自己能健康地饮食，经常运动和健身。

9.我的交谈："你们也能做到，方法是这样……""我不需要吃什么高热量食品，它们对我没好处。""我经常运动健身，有机会可以大家一起活动。"

当你使用这个剧本几周或者更长的时间之后，你可能会想要重写它，加入一些新鲜的点子，否则过了一段时间你再读的时候可能会目光呆滞。要继续把激情加入到你写的每一份表述里，你的人生将获得彻底的改变。

学会不断地调整自己的目标

运用这些技巧是非常有帮助的，但是有很多的变化因素，我们永远不能确定。

例如，对于一个被指派的目标，用这些方法要多长时间才能带来改变？很多教授类似的形象化思维技巧的书中的常见回答是21 – 30天。不过，要是你使用了这些技巧一两个月后，还是看不到改变的希望，那该怎么办？通常在这种情况下，我建议你调整一下表述的措辞或者调整一下目标的大小。看看所列的这些目标到底适不适合你，在本书的下一部分，我们会谈一下运用你的直觉来看清楚你与目标的"契合度"。

把它们当成游戏里的标靶

想一想"指标"（Target，标靶）这个词是什么意思。它来自于一项运动，像是射箭、飞镖，你把一个有圆心的环状标靶放置在一定的距离外，然后瞄准它。如果你是新手，可能射不中靶心。在最开始，你甚至连外环都射偏。我们先在脑中记住用这些运动来做的比喻，下面是有关于工作指标的具体分析。

如果你在进行某项游戏，你并不会因为没有马上击中靶心而退出，你知道自己的水平会随着时间和练习而提高。我希望你对于自己的关于数字的指标也是这样看待。当然了，要对它们抱有激情，但仍要把它们看成一场游戏。

有时候人们会在第一次尝试的时候就正中红心，你也可能会在你的目标上做到如此，但通常你需要重复，需要练习。你可能发现自己需要改变投掷或瞄准的方式，希望通过进行精确的调整来射中目标。你会有一段时间瞄得非常准，又会有一段时间不尽如人意。

不要太泄气，试着保持乐趣。正因为有各种阻碍和困难，所以这个游戏才充满乐趣。你享受着自己的表现越来越好的状态。你为自己一路上得分越来越高而感到激动。用"游戏般"的态度来对待你的工作指标，享受竞技一样的快乐。

不管取得的成功是什么样，要记得之前说过的：目标萦绕过程本身就会令人非常满足。每天都花一点儿时间在脑海里描绘和享受你生命中想要的东西，这样的感觉很好。用你最享受的方式来写你的表述，这样你就能在每一次复习时享受它们创造的梦。享受的感觉会蔓延到你的生活中，会对你所做的所有事情都产生直接的积极影响，无论你是否马上就能看见结果。

小结

当决定你的目标大小时，要把目标定在你的舒适带之外，但不要离得太远以免使自己气馁。你所定的目标让你时刻感觉到兴奋，这样才是最好的。但是，如果你不相信自己实现目标的能力，就不可能把目标激活。这样的情况下，你需要调整自己的观念。

如果你觉得有大量的内在的障碍阻挡着自己，那你可以选择很多的方法来快速地进行调整。这些方法包括催眠、神经语言程序学、情绪自由疗法以及其他方法。

如果你仅仅是对目标有一些犹豫或是疑虑，有两个可以帮助你的技巧。一个名叫"要是……有何不可？"解决法，在这个方法中你表述一个新的目标，然后"驳倒"任何你对目标抱有的内在抗拒。

另一个技巧叫"锁住新观念"，这个方法是创造一个剧本，描写出你实现目标后生活中的很多方面将会呈现出的样子。你可以将它与你的其他目标一起激活。

Summary

第二部分总结
用创造思维去解决工作难题

目前为止，我猜你看到了创造层解决方案需要一种不同的方法或者能量，而不仅仅是跟踪和完成工作。这需要一点儿魔法，尤其是对于那些不能仅靠单纯的行动步骤来完成的目标。

实现目标的困难经历使人经常退回到把控层中，试图通过没有感情的强制力的技术来实现目标。强制力或意志力被过分推崇，而那些没有成功的人被视为缺乏意志力，即太软弱。好像只有非常优秀或是心智出奇强大的人才能设定和实现目标。事实上，先"做"起来，不要纸上谈兵，拥有强大的执行力，是实现目标最关键的一步。

一旦你明白指标和愿景之间的区别，并开始为之努力，你就会发现目标是可以实现的。你会明白，获得你生命中想要的东西是你生来的权利。这只是要求你在每一个目标上都遵循 4 个步骤：

第一步：创建你的愿景。

第二步：确定你的指标，并把它们加入到愿景里。

第三步：激活当前目标。这与写出一个出色的当前目标表述一样重要，也是在设定目标后最重要的一个步骤。

第四步：做出行动，拥有强大的执行力。

对于难度更大的目标，你可能需要做得超出这 4 个步骤并改变你的自我限制的观念，这样才能充分地接受这些目标，成功地进行目标激活。

其中最困难的部分是目标激活，因为你需要每天都做；而改变观念的练习可能让你感觉有点儿刻意，所以你犹豫着要不要尝试这些技巧。但是如果你"正在"犹豫，希望你问问自己："有什么可以替代？"接下来就来谈谈这个问题。

有什么可以替代

例如，我们大部分人都知道消极思维的力量，如果我们对某事心存疑虑，那么实现目标的可能性就会很低。没人想要坚持消极的态度，但是一些目标似乎真的很难实现，无论我们多么努力地尝试，它们总是离我们一步之遥。

在这样的情况下，我们有什么选择？我们可以试着继续硬推着目标向前，尝试从每一个可能的角度来实现它们。把注意力集中在愿景上，这样你的潜意识就能有效地将解决方案牵引过来给你。尝试一下对你没有坏处。

如果我们不激活目标，就会继续遵循默认的不好的观念和行为。我早前提到过的，这些观念和行为源于我们的童年以及成年时期的"训练"，如果我们不从这些糟糕的观念里挣脱出来，就会毫无作为。

让别人来为你萦绕目标，会使你陷入恶性循环。是谁为你萦绕目标？你的父母——每一次他们"建议"你的时候；你的朋友和你的同辈们——当你把自己的行为设定为要符合他们对你的期望时；你的上司——当他为你设定的目标与你自身不符时；媒体——每一次引导你观看然后购买的短片或广告决定了你的行为该是如何。

最好的是萦绕你自己的目标，这么做你就能有目的和有动机地活着，改变如同瓶颈一般的生活状态。

你能努力做的最好的工作

什么是困难的工作？如果某个人比如你的上司、导师，或是父母告诉你他们希望你"努力地工作"，并且在岗位上取得成功，那么努力工作是个什么样子？

一路面对挫折、按部就班地长时间工作，这是对努力工作的传统的描述。

对于脑力劳动者来说，努力工作就是"对重要的事情投入时间，把注意力投入到关键的工作项目上"，最富有成效地关注结果，而不是花时间去关注阻碍。

实际上，每个早晨都抽出时间激活你的目标就是在努力工作。你能努力做的最好的工作就是——制定一项纪律，保证你随着自己的职业生涯的进程，每天都激活你的目标。一旦你决定了一系列的行动并且已经做好计划，那么就没有什么比全力以赴达成目标更重要的了。

03

第三部分
不要让你的梦想打折

CHAPTER 15

第十五章
快乐工作，是为了更美好的生活

高效能地工作，其本质是为了事业得到提升，让你获得开心和满足。在第一部分，我们谈到如何清理工作上的混乱，从而使你不被各类事务淹没。第二部分向你展示了制订目标和创造结果的有效方式。

在第三部分，我们将讨论工作如何与真实的自我同步，从而给你带来更大的满足和舒适。这是终极的一步，也是"时间管理金字塔"的最顶层。

想象有两个圆圈，一个代表着你、你喜欢的东西、你不喜欢的东西、你内在的驱动力，这个圈代表着你真实的自我。另一个圆圈，代表着你的工作以及你在其中的活动。想象着两个圆圈被画在了同一张纸上。

对于大多数人来说，工作与生活毫无关联。我希望你能使用本书中的方法，把这两个圈结合到一起，将你的工作与真实的自我相关联。

这是什么意思？意即在你的工作中寻找激情，把在生活中信仰的东西带入职业中去。你要叩问自己：为什么要工作？是单纯为了钱吗？目前自己享受工作吗？如果不享受工作，该如何改变？你看，把你的工作和内在关联的第一步，是与当前的工作"言归于好"，想办法更多地去欣赏它。

愿景的神奇力量

愿景的力量，超过其他任何事物。你如果能先制订一个愿景，那么你所有的目标都可以成功。

一个职业生涯愿景如果足够强大，就会推动你在职业生涯中前进。它把你的职业生涯置入牵引模式，你的工作不再仅仅是一份职业，而是变成了一种召唤。

开始这一切的最好方式，就是为你的工作制订一个更大的愿景。这样做很困难，因为我们常常被他人的想法所左右——社会的、父母的、朋友的——所以你需要在这方面得到一些帮助。

让工作成为你的使命

本章会为你提供更多的工具，通过论述如何使工作更好地与你的自我关联起来，从而确定更大的工作愿景。这样做让你能够聆听自己内心平静、安定的声音，从而找到未来的路。

一旦你的职业生涯进入了牵引模式，你就会开始发现，目前的工作让你非常亢奋，而不需要你每天都逼迫自己。在这个时候，你的工作不再是"工作"，它更多地变成了一种自发的行动，甚至可能成为你的使命。

获得更高的个人影响力

马斯洛的理论表明，人生旅程的顶峰是自我实现，体验个人潜能被激活的一种状态。而找到你职业生涯中的愿景，让它们与你真实的自我相关联，这是你的工作旅程的顶峰。拓展你的愿景的一个方法就是获得更高的管理层的职位。很多人觉得在更高级别的职位上，得到的只是职位权力，但真实情况是，你只有这样做，才有能力去影响更多的人。最优秀的领导者极少使用他们的职位权力（发号施令的能力），而是把这些权力看成是可以对别人产生积极影响的能力。

职业生涯进步的意义

在职业生涯中进步，意味着在你公司里的进步，还是在一个行业或专业领域里的进步？你要分析公司里各个职位的上升路线，对比下你所在的行业里的其他公司。

在我的个人经历中，我目前已经换过 7 次行业，并一直能够在职业生涯中不断取得进步。我开始的时候是为美国政府做土壤绘图，然后做了一名建造商业楼宇的土木工程师，再然后成为软件工程师。从成为软件工程师开始，我不断进步，成为美国和平部队（the United States Peace Corps）整个 IT 部门的管理者。然后我成为埃森哲公司的一名管理顾问，之后上升为副总裁。接着，我创办了 AAA 卓越项目管理中心（AAA's Project Management Center of Excellence），最后成为一名作家和演说家。每一步都是行业和专业的重大转变。

我个人把这些经历看作是一次次历练，更大的愿景是提升自己的影响力。将各个不同的行业的技能结合起来，这使我对工作中的常见问题有了强大的洞察力，也帮助我确立起一个愿景，而这个愿景就是我写就本书的动机。

学习永远都不嫌晚

在你年轻时候的工作岁月，你工作的很多内容会是积累经验，而你大部分的满足感和激情会来自于你所学到的知识。即使是对于已有建树的工作者，如果你觉得自己的职业生涯已经变得单调、波澜不惊，那么决定开始学习新的技能，并将其作为你当前的愿景为时未晚。

例如，有些人的愿景是赚更多的钱，那就应该马上去学习赚钱的技能。有些人的愿景是成为某方面的顶尖高手，那你就应该马上去学习这方面的技能。

动力，动力，还是动力

你可能从工作业绩中获得强烈的自豪感，或者因能结识不同的人而激动不已，又或者因创造一个能让很多人受益的产品而骄傲。

这些都是你前进的动力，当你想象着自己实现这些目标，你会感到兴奋，那么你就做出了正确的选择。

在新工作里，找到你的愿景

如果经过大量的寻找，你还是无法从当前的公司获得成就感，那是时候跳槽了。如果你正准备这么做，可以考虑下列机构类型，因为它们普遍拥有强大的愿景基础。

刚创业和非营利性的公司

刚创业的公司，多数规模小但成长迅速，它们通常都处于商业或者科技的最尖端，所以其愿景往往激动人心，且能提供快速的晋升路径。这些公司的优先认股权和首次公开募股，虽然很有吸引力，但是对于大多数员工来说，真正的激情来自于成为全新商业愿景中的一部分。

而非营利的服务性组织也是很棒的工作地点，为这样的组织工作会让你拥有巨大满足感。例如，我曾为美国和平部队服务，担任其IT部门的主管。它是由约翰·肯尼迪总统成立的专门机构，旨在全球各地推广由美国人提供的服务。虽然我被安排在位于华盛顿特区的总部工作，远离海外的行动，但我们是为那些在一线工作面对艰难挑战的志愿者提供支持。献身于这个使命的精神渗透于整个组织当中，给了那里的很多员工共同的激励。

尝试着换一个行业

相比之下，选一家有着你喜欢的愿景的新公司或者新机构，你可能会更想挑一个新的职业。如果你是一名公务员，那么你可以跳到一家外企做客户经理；如果你是一名教师，那么你可以试试做一名销售。总之，找到你为之兴奋的职业，不要在年轻的时候，留下任何遗憾。

为何不自己创业

有时候，自己创业的积极改变，要比为别人打工的稳定性有更大保障。你完成的每一笔交易，不只是让你赚到钱，也让你体会了亲手改变这个世界的感觉。

如果你是全职创业，不再需要依赖他人来养家，这会是一种更大的愉悦。当然你仍然不是独立的，现在你要依赖顾客了，但至少你已经可以把控这种关系。如果你提供的是优质的产品和服务，那么他们往往会如你所愿地回应。

对于我来说，拥有自己的生意，而且提供的是能改变他人的服务或产品，是最好的工作愿景。我写作 Outlook 应用书籍时就有了这样的经历，它们在出版后很快就成为畅销书，我每天都收到各种来自读者的电邮，告诉我书中介绍的技巧改变了他们的人生。能得到这样的回应令我感到非常满足。

工作让家庭更美满

当大多数人被问到他们为何而工作时，"养家"是他们最常举出的理由。家庭生活常常把人身上最好的一面展现出来，让人能通过耐心、温情、照顾下属的领导方式，来抵消掉工作场所中激烈竞争的负能量。

无论我们的工作如何，享受家庭中的天伦之乐总是首要的人生目的，你可以从家庭中收获爱、决心以及勇气。家庭的爱会为每一笔商业交易增添温情。在工作的间隙看一眼办公桌上家人的照片，这能增强你的工作动力。

投身于兴趣小组或志愿者组织

行业团体、兴趣小组、贸易协会……大多数人加入这些团体，是为了拓展人际关系，但是一旦你活跃于其中的某个团体，你的观点就会改变。这些团体中的志愿者开始看到了团体在推进某个专业学科或是贸易上做出的贡献，能收获前所未有的满足感。

此外，为非营利性或服务性团体做志愿服务，无疑是非常有益的，你的一举一动，都有可能提升整个群体的幸福指数。

寻找外部的热情

有段时间我很爱玩飞行滑翔伞，总是迫不及待地等着周末的到来好进行飞行。仅仅依靠风力在地面之上翱翔，那是一种多么梦幻的感觉，在空中的那一刻，我感觉仿佛身在天堂。

此外还有很多活动，像艺术，它代表了内在的一种关联。很多人觉得，当自己在进行创作的时候，总是有行云流水的感觉，完全被一种超越平凡的愉悦所充盈。我确定你能发现类似于这样的活动，如果你深入体验，它们可以带给你更大的收获，最终超越你自身的愿景。

宗教和精神成长

我把这点放在最后，不是因为它最不重要，而是因为它是最主观的。对于很多人来说，他们的更高愿景或目的是与宗教或精神有关的，这些愿景或目的牵引着他们在生活和工作中前进，这与任何一个工作的、社会的或是家庭的愿景起到的作用都相同，或是更加突出。一个宗教的愿景可以作为人生方方面面的潜在"引线"。在我看来，最有内涵、最值得追求的愿景是与精神有关的。

过滤掉由于恐惧造成的选择

首先，在选择更大的愿景之前，我建议你先过滤掉由于恐惧造成的选择。例如，有多少人说自己想成为医生，是因为他们的父母或朋友告诉他们应该这样，而不是源于其内心深处对救死扶伤的渴望？相似的情况是，太多报考法学专业的学生，首先考虑的是周边人都认为这是个好选择，而不去追求他们真正的志向和抱负。

这样的事情一直在发生，因为我们很多人多年来一直在脑海里反复播放着基于恐惧的"磁带"，接受着各种各样强加于我们的"应该"和"不应该"，而这会导致我们做出无法让自己快乐的决定。所以请对自己的灵魂做一下搜索，问问自己：现在从事的工作真的让你满意吗？它是来自于你内在的真实的选择，还是出于对恐惧和"应该"的回应？

很多快速致富的书籍都在告诉我们，只要我们敢想，就能够追求到我们最想要的东西——金钱。然而，你自己明白一生要做的事情不仅仅是赚钱，如果你一直无法从当前的工作中获取快乐，赚取再多的金钱又有什么意义呢？

有些人问，"成为一名成功的投资者"是否超越了"只是赚钱"的愿景？

如果你做的是薪水制的工作，那么有一个投资的副业是很重要的，因为它可以让你后顾无忧。投资能让你建立自身的信心，消除对"不足"的恐惧，而这是以后更伟大的成就的基础，但是必须从中找到让你收获成就感的重要方式。

例如，我认识一位投资家，他自己开发了一套非常成功的投资方法，使自己成为百万富翁，然后他把这套方法传授给他喜欢与之共事的人。他把自己的教学体验描述成自己职业生涯中最棒的事情，而这也让他收获了更多的财富。

仅仅为了退休而活？

很多人对待退休这件事的态度是："我会在我不喜欢的工作上努力，因为当我退休后就可以享受生活了。"

这种态度不仅欺骗了你当前的工作和生活，也可能不会产生你预想的结果。如果你找不到方法来对自己当前的工作感到满意，就很可能也会拥有一个不快乐的退休生活。因为你不投入，你没有热爱，你肯定创造不出最理想的结果。

小结

拥有并追求一个超越你自身的愿景，会牵引着你向一个更有能力、更有意义、不断成长的自己前进，让你感到更好的人生就要到来。我们之所以为人，正是因为我们能往前看、向前走，这种前进使我们在"当下"就变得精力充沛。

别因为麻木而放弃

你可能在想："我们实际点儿吧，我脑中没有愿景这样宏大的东西，用不着考虑那么长远。"或是："我找不到像你所说的这些东西，我已经放弃了。"

在我早年工作的时候，就对这个观点——要成功就要确定愿景——有点儿不爽。我觉得自己太年轻了，似乎不太可能对工作怀抱那么多的激情。在接下来的工作历程里，我发现资历更深、更有经验的工作者，都常常委身于不快乐的工作里，所以后来我下决心写作本章，希望大家找到工作的愿景。例如，在工作中发现一个让你感到兴奋的项目，或者做出一个有突破性的方案，总之找到一种方式，让自己的激情与工作更深刻、更具意义地相关联。

不断调整自己的愿景

如果这是你第一次对自己的工作愿景进行思考，不要担心能不能把它想"对"，因为你会在职业生涯中更改它很多次。你会根据自己的内心世界和外在生活来修正这个愿景。随着时间的推移，你会有更多的想法不断涌现。即使你当前的愿景稳定地保持了几个月或几年，但是从长远来说，随着你设定目标，然后实现了更大的目标，你也将会有更大的愿景不断涌现。

CHAPTER 16

第十六章
工作与内心关联，让一切从"心"出发

　　我们中很多人被生意上的紧急事情弄得筋疲力尽，被超负荷的信息压得疲惫不堪，以至于忘记去倾听自己内心的声音。在这一章，我们将要谈到"与自我关联"是什么意思，这样做对工作有何益处，又该如何做到？

"与自我关联"是什么意思

　　如果你把生活和工作看成是一场持续的不断深入的旅行，而你是这场旅行中一名热切而满足的参与者，那么工作就与你的自我产生了深刻的关联。

　　一个真正与自我关联的人，会听到他们灵魂传递出的内在信息，并用这些信息来指引他们的工作。他们不依靠周围的世界，而是通过与自己内心的愿

景进行流畅的交流来定义自己。那个清晰、宁静的声音，每时每刻都在帮助着他们，这个声音被他们所信任，而且往往是正确的。

从外部看来这会是什么样子？你可能在工作中遇到一些人，他们看起来对自己的身份非常自信，他们似乎如同滑行甚至飞翔般地流畅地度过每一天，他们似乎总能在正确的时间处在正确的地点，几乎是自动自发地做出了适当的商业决策与行动。他们总有很好的点子，而这些点子总能被转化为商业成就。他们比我们更轻而易举地做到这些事情，他们似乎根本不会食言。

这样的人不仅很好地与自己的工作关联了起来，同时也很好地做到了与自我关联。他们提升了自己的注意力的质量，所以他们的这种关联清晰而协调，并与外在和内在的世界保持着联系。

与自我关联有何益处

强大的内在的关联可以带来一些具体的益处，从提升工作质量，到转化你对工作的态度，做出更好的商业决策，等等。

我与一些找到激励人心的终生事业的人交谈过，他们中的大多数都是通过信任自己的勇气、信任自己的直觉以及自己的内心来找到这样一份工作，然后探索它，进而理解它。想想"激励人心"这个词是什么意思，它指的是"内在被对某件事物的热情和兴奋所充盈"。显然，激励性是你对自己打开一种关联的结果，你能够听见自己内在传递出的信息，并让它们指引你做能够实现个人目标和价值的工作。

让"心流"展现

心流（flow）是在20世纪90年代开始流行的概念。我打赌你能记起工作（以及运动）中的一些时段，你的意识很清楚，所有的动作似乎都井井有条，工作和生活毫不费力地进行着。你在做的是你最感兴趣的，而且你希望它不要停止，这就是"心流"的感觉。

我们通常把这些时期归结于机会、运气，但这种感觉的产生，是有其内在原因的。在这个问题上的权威专家，是来自于芝加哥大学的米哈里·契克森米哈赖，他曾出版过一本名叫《生命的心流》的书。书中把这种状态描述为："人往往感觉到强壮、敏锐、对自己控制自如、很自然，以及处在自己能力的巅峰。对困难的畏惧以及情绪上的难题似乎都消失了，取而代之的是一种自我超越的愉悦感受。"

提升"当下"体验

我们经常感觉到我们当下的体验，这是自己的过往记忆以及对未来的愿景的结果，如果我们有着愉快的回忆和光明的未来，那么我们的当下体验就会很棒。

事实上，我们对过去和未来的体验都进行了渲染，向我们脑中的"当下"加入了一种筛选的功能。你肯定遇到过这样的极端情况：一晚没睡好后醒过来，一整天都疲惫而暴躁，然后这一天里所有的事情都糟透了。这种对经历的渲染时刻在发生，通常比上述状况更加微妙。

所以，如果我们提升了在"当下"中体验人生的能力，消除自己添加上去的消极渲染，就能够极大地提升我们的日常体验。仅仅是态度的改变，就能够积极地影响我们对待手头工作的方式。

你怎么做到这些？在接下来的小节中我将会谈及一些你如何与自我关联的方法，包括从简单的在直觉上投入更多的注意力，到像冥想这样的结构化练习，我希望这些方法能对你有所裨益。

做出更好的决策

这些年，商业世界复杂无比，决策的制定比以往任何时候都难。你如何指导别人在工作上做出优秀的决定？即使是最好的商学院，也没有万能的指导教材。

纵观世界 500 强公司，只有很少的 CEO 毕业于常春藤联盟学校，可见学术并不能提供领导技能。事实上，最优秀的决策，往往是由那些能有效地进行直觉思考的领袖做出来的。学会如何做出准确的直觉决策，是成为一名优秀管理者的关键素质。很多人觉得这些决策制定者生来就具有这种技能，事实上，这是一个内在的过程，经验固然重要，但要想做出好的决策，必须与自我做到完美的关联。

到底什么是直觉

我对直觉的定义是：在没有运用理性思考前，对某个事物仅仅只是表面的感性的认识。它可能是一个隐约的感觉，或是你做出的一个决定——而你根本不知道自己为什么要做这个决定，只知道直觉就这么产生了。

你自己可能已经有过很多次这样的体验：产生了工作上成功的直觉预感。如果确实如此，那可能不用我多说你就已经知道直觉是多么强大。但假如你还没有过这种体验，甚至怀疑直觉是否真的存在——因为这些成功很容易被归结为是机会、巧合、外在环境所造成，很少人愿意把他们的预感称为"直觉"。

但直觉已经在商界和科学界中，获得很大程度上的认可。

迈尔斯·布里格斯的性格测试（管理培训中经常做这个测试）中，"直觉性"已被确认为 4 种主要的工作性格类型之一。商业领袖不断描述他们如何运用直觉来进行决策，实际上，最令人印象深刻的领袖，都是那些能够迅速、自信地做出决定，靠直觉判断获得成功的人。

直觉在科学界里的重要性

最著名的源自直觉的发现是 DNA（基因）的双螺旋结构。詹姆斯·沃森说，这个想法是他脑中一闪而过的灵光，而他当时没有做任何理性思考。

1961 年的诺贝尔化学奖获奖者梅尔文·卡尔文说，当他坐在车里等待妻子的时候，在几秒钟的时间里，光合作用中的碳径浮现在他的脑海里。

托马斯·爱迪生相信他接受了很多自己的点子，但这些点子并不是他想出来的。他说"点子在空气中飘荡"，等着被摘取而不是被思考出来。

还有很多像这样的例子，在你的办公室里四处问问，你将每天都能发现依靠直觉做出重要商业决策的人。几乎在每个案例中，理性思考都走到了死胡同，而一个直觉性的见解就成了跨过那道死胡同的唯一方法。这在商界中也是完全适用的，商界中的决策者很少能掌握足够的数据，但无论如何都会在基于直觉的判断前回顾已有的数据。只有事实与直觉相结合，才能激活强大的能量。

学会在生活中找寻激情

很多大的公司，像微软、亚马逊、星巴克，它们的高管在周末一般都很少工作，在上班的 8 小时之外，也尽量不为工作上的事打搅手下的员工。在他们看来，生活和工作的界限一旦被打破，那么就有可能 24 小时都身处焦虑之中。

如果你有着失衡的生活，那你的工作也可能会受影响。而运动通常被认为是工作与生活的润滑剂。比如，规律性的慢跑，再比如做瑜伽，很多人发现瑜伽能将人带入近乎冥想的状态。

获得充足的睡眠，无疑对我们非常重要，此外给自己安排出休假时间也很关键。当然了，抽出时间陪伴朋友和家人，与周围人保持健康的关系——这些都能帮助你在工作和生活之间取得平衡。

发展你的商业直觉

很多人说，我们所谓的商业直觉，实际上只是多年经验而形成的"认知"。这是对的，他们在做出直觉决策时，在潜意识中对手头的状况进行考虑，他们无法言明，却总知道"在这些事例中，我喜欢这样做"，而他们往往是正确的。所以，要提升商业直觉，就得在自己的领域中积累更多的工作经验。

好直觉胜过多年的经验

《纽约时报》的一篇文章认为：许多非常年轻、几乎没有作战经验的驻伊拉克的美国士兵，能够通过直觉预感到危险情况。当然，经验起到很大的作用，但研究显示，在大脑显意识层次下的微妙感觉，能帮助士兵避开危险。

在菲利普·古德伯格所写的《直觉优势》一书中，有很多这样的故事。一个例子是连锁酒店巨头康拉德·希尔顿，他在从业的早年试图在一次拍卖会上买下史蒂文斯公司。在拍卖会的当天早晨，他醒来的时候，大脑中浮现 18 万美元这个数字，于是他按照这个数字出价，即使他先前已通过计算，得出了一个小得多的他认为可以成交的价格的数字。当结果公布时，他的出价仅以 200 美元的微弱优势，击败了第二高的出价，从而赢下了这份资产。这一次投资给他带来了 200 万美元稳定可观的利润，也使他的事业上了一个台阶。

潜意识是直觉的源泉

心理学家认为，潜意识是直觉的源泉。不过，并不是我们每个人都与潜意识建立了良好的关联。对驻伊士兵的研究显示，很显然有些士兵具备直觉层面的能力，而其他人则没有。

尽管每个人都会产生直觉性的信息，但我们大多数人都过滤掉了自己大部分的直觉性冲动，或是我们思维的习惯拒绝了它们。

直觉有哪些类型

一般来说，直觉有 4 种类型，你可能体验过其中的一种或多种。它们分别是：以文字或脑海中絮叨的形式听见自己的思考；在自己脑海中看见一幅图景；知道某样东西，但是并不知道自己知道它；感觉——身体的知觉或情感，引发了对事物对错的直觉性分辨力。每一种类型，都可以通过不同的方式学会。

例如，你有做某事的直觉冲动，那么你可能拥有的是最后一种形式的直觉。在这个事例中，提升直觉的一个方式，就是学会更多地与你自己的身体保持协调，并且倾听你的身体发出的信息。知道某件事物是真的——在完全没有外部信息输入的情况下——是直觉的另一种模式，常被描述为"第六感"。

我们为何过滤掉直觉

我们为何拒绝自己的直觉信息，或是对其充耳不闻？我们很多人从早年开始就被鼓励要做理性的思考，所以我们在这些年里"关闭"了很多不合逻辑的冲动。

但同样可能的是，我们很多人在工作时间里过于忙碌，以至于无法慢下来，慢到足够可以聆听到这些冲动。例如，很多人都经历过，最佳的直觉信息，往往出现在当人们投入不需要专注的活动之时。很多人说，当他们在步行、开车或洗碗时，脑中会浮现出最棒的直觉性想法。

给自己留一点儿"思考的时间"

盖伊·亨德里克斯在他的《企业神话》一书中，记录了他对多家企业的 CEO 进行的访问，这些 CEO 都表示，每天只是花一点儿时间来思考，就能使他们获益良多。给自己一点儿独处的时间，只是随意地想着一天的工作，或许仅仅是花上几分钟来眺望窗外。思考产生的创意和思路要及时记录在笔记本或者电脑中，当然手机也是不错的选择。因为很多好的点子会转瞬即逝，你不知道将来何时就有可能用得上，先记录下来，以后再进行加工整理。CEO 们说，这些方法让他们的直觉开始流动起来，最终，他们才能做出好的商业决策。

在放松时，学会抓住直觉

我发现自己最具直觉性的想法，大多产生于远足过程中，甚至是运动、刮胡子、洗澡或刷牙时。当我从事这些活动时，我的大脑会失去关注点，但仍然是警觉的。这个时候，它就处在专注思维之间的空隙。

在《连线》杂志上，克里夫·汤普森的一篇文章引用了在加州大学所进行的研究，研究表明一些散漫的思绪会非常实用。其中乔纳森·斯科勒教授所做的研究显示，人脑的额叶前部皮层在这段时间内被激活——这个部位是服务于解决问题的。"你空转的思维，很可能在做着深层次的创造性工作，以对付你最棘手的工作。"斯科勒猜想，这"解释了为什么这么多恍然大悟的时刻，发生在我们的思绪游荡的时候"。

直觉的特点是静悄悄，它通常不会像货运列车那么大动静地提醒你，而是把一些不起眼的想法，融入你日常的正常思维活动中。所以它很容易被错过。你可以随身带一个记事本，当一些有意思的东西跳入你的脑海中时，就能把它们记下来。有时候，它的价值在当时并不为你所理解，直到日后才显现出来。

冥想能让你消除内心的"噪声"

几十年来我一直做着冥想练习，冥想提升了我的商业直觉技能。我知道商界中的很多其他成功人士也在做冥想，他们都有着与我一样的结果。

注意力是非常强大的，它创造愿景、激活愿景，并最终能够创造你的世界。让我解释一下冥想是如何来帮助提高注意力质量的。我们在一个安静的地点闭上眼睛，然后使用技巧来平息思维的喧哗，就在一天中的几分钟里拥有了清晰、无拘无束的注意力。这样做有两个好处。首先，它让我们的注意力能以一种除了睡眠以外的方式休息。在冥想过程中，人的身体经历了一次新陈代谢式的休息，其效果甚至比睡眠还要好。其次，直觉出于内心深处的安静耳语，常被称为内在的宁静之声。每天花上几分钟的时间，保持敏锐、聆听，由于外在和内在的音量都被调低了，我们因此养成了在潜意识中思考的习惯。然后在一整天的正常活动中，我们更有可能听到潜意识发送来的安静但有智慧的信息。

世界上有着几十种冥想术，我希望你找到的类型，是能在一定程度上消除想法的"噪声"，这样做能建立你与自我的关联。我使用了几十年的冥想术叫"超觉冥想"，它在美国推广已经有40年。迄今为止共有超过600项关于超觉冥想的科学研究。无论你选择什么样的冥想术，都要保证它能不费力地使你的思维安静下来，在一个更宁静的层次上体验注意力。

从心工作，与心关联

种种技巧都会帮助你更加容易地从心工作，一旦你开启了自己对爱和快乐这些情感的认知，也就使自己能够敞开面对周围所有事物最好的一面。在目标萦绕模式中，一旦你开始在脑中萦绕爱和快乐的感觉，或者你热爱音乐、舞蹈、驾驶、运动，所有这些事情，通过萦绕起你脑中的快乐，都可以为你带来关联，并会延伸到你的工作时间中。

或许你认为这些听起来跟商业没什么关系，但事实上并非如此。你可以读一下我先前提到的玛西·西莫夫所写的《快乐人生7步骤》，这是一本《纽约时报》畅销书，你可以从中了解到如何在生活中更轻松地创造和萦绕快乐，最终获得商业上的成就。还有另一本书叫《信任的速度》，作者是史蒂芬·柯维。柯维在书中指出，机构中存在的官僚主义、办公室政治、管理过细，全都源于机构内部信任的缺失。

"从心工作"能把大家的利益联结在一起，挽救这种信任缺失。

最后，一些非常客观的调查显示，从心工作能提升你的工作表现。美国心脏数理研究所所做的广泛调查显示，当人有着同情、关心、爱，以及其他类似的情感时，这些情感会提升他们的心跳节奏的一致性，带来冷静的态度、饱满的精力、清晰的思维，最终提升你的工作成就。

直觉不要受恐惧影响

使用直觉，并不意味着简单地按照你的冲动来行事。冲动可以来自各个方面，有些是基于愤怒、嫉妒还有恐惧。像恐惧这种消极的情绪，通常不是源于内心的指引，更多是来自本能。我并不是说不要理会恐惧，而是不要在做重要决定的时候，把它当作首要的情感考虑因素。

你的恐惧情感，是你与内在关联的道路上的巨大障碍。恐惧往往有很强的干扰性，会切断所有通往创造性直觉的途径。基于恐惧做出的决定，是与你的内在智慧脱节的，因此往往是错误的。

对于我们很多人来说，恐惧来源于我们把目标伸展得超过了自己所能掌控的范围。无论你当前的恐惧来自于哪里，如果它们占据了你在工作时间中大部分的自我对话，那就要首先着手解决它们。

小结

与自我关联，是提升工作成就的一项重要技能，它能帮助你做出更好的商业决策。这是实现高产高效的工作、让你感到开心和满意的重要一步。

每天给自己留一点儿"思考时间",是许多企业高管经常应用的方法。花上一点儿独处的时间,仔细思考一天中所发生的事,你可以选择一个主题,然后安静地坐着或是踱步,寻找对事情的见解。此外,冥想是与自我建立关联的绝佳方式,已被商界中的成功人士使用多年。

上面列出的所有工具都有助于"从心工作"的培养。更好的情况是通过你的家庭或其他人际关系,或更多地对生活中已有的快乐和爱敞开怀抱,从而建立起你"从心工作"的能力。

通过这里的学习,你可能已经实现了与自我的关联。接下来,我希望你运用它来做一件非常重要的事情——与你的终生事业关联。

CHAPTER 17

第十七章
发现你的优势，找到终生事业

本章的目标是找到一种工作或职业，能够让你充满狂喜与激情，并与你内心的梦想相关联，我把这称为你的终生事业。在成功心理学看来，判断一个人是不是成功，最主要的是看他在专注的领域，是否最大限度地发挥了自己的优势。

纵观所有的成功者，他们都有一个共同点，就是"扬长避短"。就像一位成功的商人，他可以不会乐器，看到曲谱就头疼；不会游泳，是个十足的旱鸭子；不善于演讲，一到人多的场合就心里发怵。可是，只要他有致富的愿望，善于把握到手的机会，懂得如何开源节流，有正确的金钱观，那么他就是一位合格的商人，并充分发挥了自己的优势。

终生事业为何如此重要

这部分"关联"层的内容，焦点在于提升你的"当下"体验、你的工作以及你的职业生涯的质量，从而使你的当前工作时间体验与你真实的自我相关联。

毫无疑问，找到一个与你真实的自我相契合的工作，发现你真正的优势，才能产生上述结果。从事自己终生事业的人往往都很高兴、高产、高效，而且满足，因为他们的工作与他们的愿景相契合。

理想的情况是，他们已经在经营自己毕生喜欢的事业，或者处在培养技能和经验的过渡阶段，正在建立自己的人际关系网。重要的是，他们有着为之努力的目的，一切都走在正轨上。

如何判断你正在做着自己喜欢的事业？就是你一想到它就感觉到兴奋，看到别人在做着类似的工作时，就有一种忍不住的"被召唤感"，很想参与其中，或者与对方一同讨论；当你工作时感觉一切完成得异常迅速、无师自通，做完后非常有成就感；你完全没有感觉到困难，几乎是出于自发、靠着本能去完成的，并愿意与他人去分享这份喜悦。以上现象说明，你找到了自己的优势领域并享受其中。

不做你热爱的事情是很危险的

找到你的终生事业会增强你自尊自重的感觉，那是因为一旦你找到了充满激情的、你会为之贡献一生的工作，你的脑中就不会有厌倦和疑虑，而这会让你对自己在工作上的表现感到满意。

你看，自尊心的问题常常源于你从直觉上感到自己没有做出贡献，如果你没有处在一个适合你的能力的位置上的话，这种问题就会出现。一旦你从事着自己的终生事业，这就是彻底消除这种困扰的绝好机会。

你最好的成长空间，在于你所擅长的优势领域，所以应该尽量花时间去发挥你的长项，而不是想尽办法去补你的短板。比如，你擅长绘画，但是对于游泳一窍不通，你是不是想着先把绘画放一放，尽量多去学学游泳？这样做将导致你一事无成，还会把之前有可能成为画家的机会也错失了。

做你热爱的事情并不单单是感觉良好，关键是能使工作稳定或生意长久。《成功长青》一书中对这一点做出了最好的表述："不做你热爱的事情是很危险的。残酷的事实是，如果你不这样做，就会输给热爱它的人。"无论这是你的工作或是你的生意，如果对它缺少热情，那么你的对手对其表现出的热情，就会抢走你的成功。

成长是为了保持生命的新鲜

实际情况是，你的终生事业是在不断改变的。让我们从一个非常非常小的例子说起。我们假设，一名高中小姑娘得到了一份暑期工作，在一家冰激凌店工作，她发自内心地享受着为客人们盛冰激凌的感觉，她感到快乐而满足，她正在学习如何使用收银机、学习如何同各种人打交道，她每天都遇见很多快乐的人，她由衷地喜欢她在做的事情。她出色地完成工作，每天下班的时候都心满意足地离开，每个早晨都憧憬着工作。也许她在考虑日后以更高层次的方式进入食品行业工作，但在她生命中的此时此刻，这份工作无法被其他事情所取代。

诚然，这是个非常小的例子。我们大多数人都会成长，有更高的追求。但是这个例子能够帮助你明白，你可以在生命中的任何阶段从事当时的终生事业。这取决于你自己和自己的职业之间存在着多大的差距。我说"你自己"，指的是你的当前愿景、你的技能和抱负。另一方面，是你的当前工作。如果这份工作很符合你的个人愿景，而之前所说的"差距"并不是太大，那么你就是在从事着终生事业了。

但即使是这样，也要明白这一点：你和你的愿景以及追求都会成长发展，过了一两年后，上面提到的这个姑娘在工作上的眼光可能会提高一大截，大到她无法想象自己还会继续在冰激凌店工作。本质上来说，我们需要时刻站在自己的愿景的最前端，保证自己不落伍。这样才能保持生命的新鲜！

确定你的终生事业

如果你现在并未从事着你的终生事业，那么你会想要实现它。这是一个三步走的过程：1）确定终生事业的要素；2）为它写一份愿景表述；3）在你的生命中实现它。

花时间和精力来确定你的终生事业的各个要素，这很重要，你需要确定你的终生事业是什么样的。你要知道自己要追求什么类型的工作、职业生涯或是活动。你不能在还没有确定自己喜欢什么时，就单纯依靠对某样东西的好感而做出选择。

可以通过几条路线来确定你的终生事业。请你做接下来的两个练习。

练习1，花一点儿时间来回顾你的工作历程，明确你所喜欢并取得成功的各个工作角色、工作活动。很多内容，也许都与你的下一个终生事业的角色有重合的地方。练习2，接下来整合你的新的愿景，它在一定程度上符合你当前的能力和喜好。

练习1：列出你最喜欢的过往的工作性质

你的直觉可能会帮助你找到你的工作，但是你也许还需要寻找更多的细节。所以练习1就是做出一份列表，列出生活和工作中你最喜欢和擅长的一切，搜索让你开心、满足，并能带给你适当的挑战的经历。找出它们，将有助于指引你找到自己当前的终生事业。

所以，在这个练习中你要把每份工作、每项技能、每个爱好，以及你曾做或未曾做过的活动中最好的部分选出来，把你喜欢它们的最核心的部分提取出来。顺便说一下，列出你过往工作中最好的特质正是《你的降落伞是什么颜色？》这本书中的"精华"练习。这本由理查德·鲍利斯写的书，是帮助求职者和跳槽者最好的一本著作。如果你最近失业了，或是正在考虑换工作，那么你要做的第一件事就是读读这本书。

与鲍利斯的"精华"练习相似，下面是一份具体分类的列表，你根据这些分类进行头脑风暴。记住这些分类，在脑中回顾你的人生，从学生时代和早期的工作经历开始，根据每一个分类，找出你非常喜欢的内容。在每一个分类中，你最喜欢自己学生时代的什么？你最喜欢自己第一份工作的什么？你的下一份工作呢？再下一份工作呢？同时也要考虑你的兴趣爱好，选出最能激励你的所有东西。你可以这样开始，在纸上写出你的工作生活的简短历史，把你所有的身份（角色）列出来，然后与下面的各个分类进行比对。

当你写好之后，在一个 word 文档里，把所有工作的经历合并起来：

在我的工作经历中我最喜欢的技能是：

最喜欢的地点：

最喜欢的兴趣：

最喜欢的人：

最喜欢的环境：

最喜欢的价值、目标：

最喜欢的工作条件：

最喜欢的收入：

最喜欢的职责：

接下来，仔细看一遍这份列表，用圆圈或下划线画出 5 - 10 项让你感到尤其自豪的内容。它们很快就要成为你新的终生事业愿景的一部分了。如果你想要创造更加详尽的图景，我推荐以下两种方式。

第一种方式是使用"热情测试"，这是一个反射型的工具，能帮助你识别是什么让你对工作和生活最感到兴奋，它们有助于定义你的新角色。若想做免费的"热情描述"测试，可以登录：www.thepassiontest.com/workdaymastery。

另一种方式是使用一款名叫"优势发现"的测试。这款测试在两本书中可以找到，第一本是《现在，发现你的优势》，作者是马库斯·白金汉和唐纳德·克利夫顿。另一本是《盖洛普优势识别器2.0》，作者是汤姆·拉思，书中对这些概念进行了升级。这两本书解释了为什么识别你的天赋如此重要，然后介绍给你一款精心设计的在线问答测试，能帮助找寻你的工作优势是什么以及如何找到它们。

练习 2：列出你寻找的新特质

在练习 1 中，你列出了过去工作和生活中有用的东西，并且标示出哪些是你想要继续拥有的。但是，你想要成长，想要在下一份工作中比过去做得更好。所以在练习当中，不要只是复制你喜欢的那个角色，而要挖掘那些能让你前进的东西。

首先，看一下你早前的愿景。想办法把愿景融入你的下一份工作中。如果新的愿景是对于你当前工作的一个重大转变，那你接下来的这个终生事业，可能会起到承上启下的作用，使你更加接近那个愿景。在这个练习中，做一个列表，列出能够支持愿景，或是能够让你更接近愿景的行动要素。

比如你在公司寻求升职，把相关的要素列出来，比如有更多的下属、管理某个项目，甚至在高级管理层有一席之地。另外也列出你想要提升的具体内容，或者新的偏好。例如，你可能希望的是不同的工作时间或不同的公司规模，也可能希望你的上司是另一种类型的人。

如果你在列举新的角色性质上遇到麻烦，就尝试在练习 1 中用到的相同的分类，把你的新角色描绘出来，要有细节。想一下在前一份工作中困扰你的是什么，在这些问题中找出积极的一面，并列出积极的改变方法。

适合你的才是最好的

有时候，你写下的那些具体的要素并没有用，它们并不能自然地适应你的个性和优势。为什么会这样？可能是因为这些东西不是你真正想要的，但是别人认为你应该追求它们。所以要确认你真的会为之兴奋，否则它们可能会不契合你的优势，从而对你没有用。

所以，对待你新设定的终生事业的要素要保持灵活性，让你的直觉牵引你，如果你一直推着一块大岩石往山上走，会非常辛苦，而且到不了山顶。是时候与自己的内心对话了，看看你是否应该把目光投向另一块岩石，或是另一座山。

现在，练习 1 和练习 2 都已经完成了，在下一节中，你要把它们整合成为你新的终生事业的愿景，然后开始创造它。

撰写你的终生事业愿景表

第一步：研究上面两个练习里的每个要素，用描述性和富有感情的语言写出每一个要素，这有助于随后对它们的激活。

第二步：现在，把这些片段整合为一篇读起来不错的文章。由于你将要每天阅读这份愿景表一两次，所以要把这些元素完美编排，创造出一个视觉影像，篇幅控制在一页以内。

一个好的终生事业愿景表述

下面是一份表述示例，内容来自于前文所说的在冰激凌店工作的高中女生，但是她现在长大了 5 岁。她曾在烹饪学校学习甜点的制作，现在已经是一家餐厅的甜点厨师。她培养出了自己对于美味甜点的高雅品位，并写出了下面这份超越她自身的目的或愿景：

更大的目的或愿景：

我会为舌头挑剔的甜点爱好者，创造出享誉全国的饮食体验。

我为一家知名、高档的连锁餐厅工作，是一名大师级的甜点师和菜谱设计师。我为全国的连锁店提供美味点心的创意。我在餐饮业内名气很大，在餐饮评论家中口碑很好，他们都对我的创新而独特的点心制作方法大加赞赏。所以，餐厅经常获奖，我常常被竞争对手餐厅聘请过去。我的收入相当可观，并且每年获得价值 1 万美元的内部股票。我非常喜欢我的工作——我感觉自己拥有世界上最棒的工作！

我的工作使我拥有了完美的个人生活。我常常有机会游走于这些城市：纽约、圣佛朗西斯科、芝加哥或者亚特兰大。由于我的工作主要是设计菜谱，而不用每天都下厨，所以我能很好地控制工作时间，在周末与家人和朋友一起休闲。

这份工作给了我很多创造性的自由。我可以选择在任何一家连锁餐厅制作甜点，所以我可以为新的菜谱创意积累灵感。有很多人会向我汇报工作，所以我可以脱身于枯燥的工作，专心投入新的菜谱创意。我每个季度都会前往集团培训机构，在那里向各个地区的厨师传授新的甜点菜谱。管理层给了我完全的自由，使我得以尽可能发挥自己的创意。我还有一笔旅行资金，用于每年外出进行数次"寻味之旅"，我得以在各地的优秀餐厅品尝甜点，我非常喜爱这些旅程。总之，我拥有了我所能想象的最棒的工作。我在做着我热爱的事情，我为成千上万的人提供了愉悦的甜点体验，每一次都让他们比之前更快乐。

创造终生事业时的原则

用语言来创造一幅图景。讲一个故事，让你能够在脑海中看到这一切的样子。

表达出你的激情，使用那些你每次阅读它时都会受到鼓舞的语句。

使用现在时——像是你已经实现了这个愿景。

使用积极的语句。例如，你不要说："我希望不会再有上司在我周围转悠。"你可以这样说："我可以掌控自己的行动；我可以自由地创造和执行我的工作。"

尽管在叙述中加入可量化的指标。

创建一个新的自我形象

自尊感和自我形象能够对人的成功产生巨大的影响。

关于自我形象，最有趣的论述来自于麦克斯威尔·马尔茨，他写的《心理控制术》享誉世界。马尔茨是一名整形外科医生，一次次见证了人们的自我形象影响了他们的成功和快乐。他看到，哪怕是通过整形手术做出的一点点外貌上的提升，都会对人的成功和快乐产生积极的影响。在整形手术前，马尔茨经常听到整形者对失败感的夸大；由于对自己外形上的瑕疵（外伤导致的小疤痕、下巴太肥、鼻子太大等）的过度反应，导致他们的自我认可度非常低，他们因身体上的毛病变得自卑不已。

马尔茨发现，有时候整形手术可以改善这些人的自卑感，但多数时候手术无法起到这样的效果。在很多情况中，这些人对自我形象已经完全失去自信，这让他作为一名医生感到受挫，他得出一个结论：许多客户需要修补的是自我形象，而整形手术并不是唯一的解决方法。所以他开发了一些自我形象提升工具：建立一个人们心目中所期望的自我形象，并将其想象出来，他发现这些工具发挥了非凡的作用。

取得成功后，他将此方法应用于他认为并不需要整形的患者。他告诉他们把整形手术推迟一个月，转而每天使用他自创的"心理剧"提升自我形象。如果过了一个月，患者仍觉得需要整形，他就会在那时候做手术。几乎每个案例中，患者在经过一个月的疗愈之后，都说他们不需要整形了。

马尔茨通过上述实验，得出了以下结论：

你所有的行动、感觉、举止，甚至你的能力，都时刻与自我形象一致……简而言之，你会"表现得像"你想要成为的那种人。

"最好的自己"到底是什么样的？

在你的终生事业表述中，要描述出足够多的细节，从而使一个新的"你"开始出现。在你描述那个角色的时候，要包含能让你获得全新认知的语句。除了我们已经有了的工作列表，你可以考虑将以下内容包含入内。

我的健康及身体是这样的：

我的人际关系是这样的：

我家是这样的：

我的汽车及其他重要财产是这样的：

我的假期／旅行／冒险是这样的：

我的爱好、运动或其他创造性表现是这样的：

我的精神层面的发展是这样的：

顺便说一下，你可能不会加入上面列出的所有项目，只要加入那些对你有激励作用的就行。

重要的是把结果想象出来

你现在要每天通读自己的终生事业愿景，以便激活它。对于这样的人生目标，你可以在早晨读第一遍，然后在上床睡觉前读第二遍。

当你阅读时，把自己沉浸在愿景中，当作它已经实现了。

你应该花费高质量的时间，把结果想象出来，不要让这带给你琐碎繁杂的感觉。如果你感到它正在变成一项义务，那么就重写这份表述，让其保持新鲜和吸引力。如果这个愿景是你追求的未来、如果你的文字感情充沛且令人振奋，就能有相应的效果。

使愿景变得更加容易阅读和想象的一个方法是在其中加入图形图像。有些人在其中加入了图片剪贴，他们可能是在网上搜索这些图片，然后把它们粘贴到"剧本"里。或者你可以在文中添加符号，来代表与这个东西相关的情绪。例如，你可以放上一张太阳的笑脸，代表高兴的顾客，如果这是你目标的一部分的话。

行进中找寻到你的使命

在对你的新的终生事业愿景进行了几天的激活之后，时常在某个偶然的时刻，突然蹦出一个完美的见解，这个见解有可能会让你赚取更多金钱，有可能使你的事业得到提升。这就是陀螺仪效应在起作用。每当这些见解出现，你应该尽可能快地制订出可以执行的步骤计划，帮助你去实现目标。

你每天都对愿景进行激活，已经给潜意识"打足了气"，迟早你会看见一个理想的行动计划的出现。拥有一个更大的愿景，给了你能量和信念。它推动着你不断往前走，牵引着你向前。它让你迈开步伐，在自己的灵魂中创造一种渴望，让你的声音更加铿锵有力。所以，享受这个过程以及向目标进发途中的收获吧，即使你还没有实现目标。你在朝着自己人生最高的愿景前进着，而朝着那个方向走出的每一步，无论再怎么微小，都是愉快的。

这一切会产生什么样的结果？那就是，你会实现一个终生事业然后继续下一个，你会一次比一次更大胆地去想。经历了这个过程，你就可能找寻到你的使命。

小结

拥有了超越你自身的愿景后，你就要开始拼凑出对于自己的下一个角色的描述。你要把这个描述与两个练习得出的结果结合起来，一个是收集你最喜欢的过往的活动；一个是列出你期望的工作或角色的特质。把这些内容集中起来，让你能够创造自己当前的终生事业愿景表述。在这份表述中，你实际上是在建立一个全新的自我形象——写一篇关于你的工作和生活的新的记叙文。

然后你要激活这个愿景。随着时间过去，你会使出浑身解数，策划出自发性的计划和行动，来实现这个终生事业愿景。

创造你的当前终生事业，是你通往"高效能时间管理"路上的最后一步。你已经到达了金字塔的顶端。但是这仍是一个行进中的旅程。随着你扮演过越来越多的被你称之为终生事业的角色，使命这个概念就开始有意义了，你会在接下来看到。

CHAPTER 18

第十八章
这辈子，你为何而来

你可能在其他管理学书籍上看到过"使命表述"这个词语。它是商界中的一个常见名词，常被用来作为工具帮助管理者专注于公司的核心目标。而在本书中它指向你的个人使命，主要通过你的工作表现出来。

很多人对于个人使命感到困惑，他们听从培训师或书籍的指导，尝试写出一份，但是却找不出这么做的动力。"做一天和尚撞一天钟"，这是大部分职场人士的真实写照。领导交代做什么，他们就做什么，不去管这件事对自己的职业生涯有何帮助，说起来还振振有词："给我多少钱，我就干多少活儿，不然可就亏了。"他们缺乏长期职业目标，每天在公司熬日子，根本没有自己的终极职业梦想，"人生使命"这样的词汇完全与他们绝缘。

看到上面的描述，你感觉害怕了吗？以下是我对人生使命的定义：人生使命，就是你愿意为之奉献一生的事业，它包含着你生而要做的事情。你的使命是一种终极的目标感，从长远来看，它使我们自己、其他人还有我们的世界变得更好。当你孜孜不倦、无悔无怨地做着你所喜欢的事情，你将清晰洞见你的未来，你也将找寻到人生的使命。

人生使命的核心特质

个人使命通常有几个核心特质：1）永久的；2）总是积极向上的；3）非常宽泛；4）在经历中被发现。

1）永久的

首先，我相信我们都有着自己核心的目的，而我们人生的驱动力之一就是去理解和证明这个核心目的。我们的使命是与生俱来的，且是永久的，在我们的一生中都陪伴着我们。对于使命的解释，会根据你的世界观的变化而变化。如果你具有科学性的思维，那你可能说它在我们的 DNA 里面。如果你有宗教信仰，那你可能说这是上帝给你的旨意。

2）总是积极向上的

我相信我们的使命是积极的。如果你看看自己的四周，就会发现任何有生命的东西都是在成长的——植物、动物，还有人。成长是生命的本质，而你是生命的一部分：去提高、去扩展，并通过某种方式让我们自己和他人的生活变得更好。

3）非常宽泛

我相信你的使命必须是宽泛的，这样你才能够发挥你的自由意志，并接受各种各样的工作、职业生涯还有所遇之人，然后不断进步。

4）在经历中被发现

你的使命不是由你自己所创造的，而是被你发现的。当你对自己的工作、生活、兴趣爱好有深入的了解后，它才会出现在你的意识中。

使命指引着你的工作选择

如果你听从直觉、本能，还有你的内心，那么你潜在的使命就会指引你做出工作上的选择。我相信，当你对自己的工作从直觉上"感觉"对了，契合了你的核心技能、偏好，那么你就会知道这是"对"的工作。

还记得之前那个例子吗？曾经的冰激凌店员工现在正从事着她的终生事业。她以最好的方式为冰激凌店工作并且乐在其中，但这是她的使命吗？不是，工作本身永远不会是你的使命。然而，因为她从事着完全使她得到满足的工作，所以她也许能够通过问自己来描述出她的使命："这份看起来如此合适的工作的最高层次是什么？"答案可能是："我让人们很快乐；我帮助他们在最美妙的时刻享受一小份愉悦的饮食体验，给他们的生活带去喜悦。"

使命是稳固而持久的

上述的例子证明了为什么你的终生事业可以且可能并应该随着时间而变化，即使你人生的使命会一直保持不变。

那一个卖冰激凌的女孩可能之后会去烹饪学校，学习如何做一名厨师，然后通过创造新颖、美味的饮食体验（同时获得薪水）振奋人们的生活。而这个女孩也可能会成为一名作家，写有关如何烹饪的作品，从而让很多希望自己能够学会做菜的人为之振奋。她可能之后带着自己的书出发，成为一名励志的演说家，通过自己对食物的演讲来直接让人们的精神高涨。在每一种情况里，终生事业都有了发展和变化，但是人生的使命在本质上都保持不变。

使命随着时间出现

你的使命随着时间而出现，它是被你发现的。我们大多数人很不幸地没做好发现它的准备，尤其是在我们工作生涯的早期阶段。相反，随着时间的推移，通过观察你对具体活动的倾向、你对哪些工作怀抱热情，你最终会明白你的使命。

这样的延迟是没关系的，慢慢来，一切都还来得及，我相信你的灵魂（或是本质或是生来的倾向）每天都在通过你的潜意识培养你的直觉，把你往使命的方向推进。所以如果你可以激活并信任自己的直觉，就可以一直走在正轨上。

实际上，太早就尝试着写出使命表述反而会适得其反。我的感受是，最好是让你的内心和直觉指引你一阵子，不要强迫自己写出某个人告诉你"应该"怎样做的使命表述。

人生阅历让使命变得清楚

尽管如此，一旦你在人生和你的职业生涯中成熟起来，并且感觉人生的那两个圆圈很好地重叠了起来，你现在就能够用言语来形容你的人生使命了。

你该怎么写使命表述？这是件非常主观的事情。唯一的建议是，像上面说的那样检查你的人生和工作阅历，然后忠于先前描述的那些特质：1）永久的：它要贯穿你的整个人生阅历；2）总是积极向上的：它要非常积极向上；3）非常宽泛：它要足够宽泛，而且相对不受时间影响；4）在经历中被发现：在你人生的每一个阶段都行得通。

我的使命表述

例如，我在年复一年地检视自己的各种工作角色后，意识到这就是我的使命，我的使命表述如下：

帮助非常多的人振奋起来，并帮助他们通过自己的工作实现人生的目标和梦想。

这个使命表述现在当然还有用。回头看，我能看到多年前它也在起着作用，那时我在一家大公司担任一个很小的项目管理方法研究小组的领导，而这个小组被深深地埋没在公司里。当我担任 IT 经理指导着一个大团队的员工时，它是有用的。当我刚走出校园学习商业技巧时，它也是有用的，因为我那时学到的所有东西都让其他东西成为可能。

这份愿景表述在我往前看的时候也适用，我看到由于我写了越来越多的书、培训了越来越多的人，我的影响力在不断扩大。

写下你的使命表述，纯粹是出于自发。如果你现在感觉还无从下笔，就不要勉为其难。而如果你已经着手进行，也不用担心不够完美。或者你决定把它搁置一旁，直到你有了更多的阅历。

把你的使命表述当成自我反省的工具，而不要把它视为你生命中一个应该完成的工作，或是用来衡量自己的成功的标尺。

小结

你的个人使命代表了你最高层次和最宽泛的愿景或目的，其中包含了你生而要做的事情。你的使命是一种终极的目标感，包括了你在经年累月中追求过以及未来想追求的所有愿景和目的。

个人使命有 4 个核心特质，它们是：1）永久的；2）总是积极向上的；3）非常宽泛；4）在经历中被发现。

如果你的直觉足够强大，相信你的使命能够通过激励潜意识，从而相当准确地指引你进行工作或角色的选择。实际上，如果你没有足够成熟，写出的表述是会有缺陷的，只有拥有充分的阅历和智慧，你才能写出完美的使命表述。请把这样的一份表述当作激励的源泉，而不是你的人生成功与否的衡量标准。

Summary

第三部分总结
生活再平庸，也要大胆去想

在这部分中你学会了实现"高效能时间管理"的最后一个步骤。你学会了如何找到超越自身的愿景或目的，你学会了如何把这些愿景或目的转换成当前终生事业愿景表述，你每天都在对这份表述进行激活。找寻到你的终生事业，这代表了"时间管理金字塔"的最顶层。

对于很多人来说，个人使命可能以这样的形式显示出来：更好的职业提升或收入的改善，或是让我们家人的生活变得更美满。个人使命也可能是拓展你的学识、你的人际圈子。无论你的最大愿景是什么，都要朝着更大的目标前进。在这个过程中，要不断制订比先前更大的目标，这样它们就会不断地牵引着你向前。要尽你所能地大胆去想，在实现目标的路上的每一步都要大胆想。

大胆去想，这非常重要。曾经有人告诉我，要"设定"我的更大愿景，我就应该挑选自己想要的最大的那个东西，然后停下来问："我怎么才能把它定得更大？"

实际上，我最喜欢的一个练习是，花一小会儿时间问自己："如果我知道自己可以做任何事而且不会失败，那我会做什么？"想一下这一点。你会做什么？如果你不会失败，你会想象什么？你会为自己创造怎样的愿景？

例如，我最后一次问自己这个问题的时候，我决定要创建一所大学来对商界从业者培训本书中的这些理念以及相关知识，而且我想要几乎所有的公司机构都把它们的员工送到这所大学来培训。现在，我还看不到有什么实际的方法马上就能做到这些，也可能永远做不到。创立一所大学是一个浩大的工程，尤其是质量上乘让所有人都想前往的学校。我在脑中对任何事情的未来计划都会分为几个层次。但是那一刻，我忽略了所有的障碍，而是想象它已经做成了，我自己也出现在这个愿景中，这起到了非凡的效果。在某个时刻我突破了自己当前所有的负面观念，真正感觉到了如果没有这些束缚的话生命会是什么样子。那感觉棒极了，而那一闪而过的激励感一直积极地影响着我，直到现在。

如果你知道自己可以做任何事而且不会失败，那你会做什么？

我鼓励每个人都做这件事情，完全跳出常规的思维框架。想象你拥有全世界所有的自信，当前困扰你的所有烦恼都不见了。想象你拥有需要的所有金钱，缺钱就再也不会阻止你实现梦想了。想象你得到了需要的所有帮助，当你渴盼的时候，具备你所需要的技能的人就会出现。想象你所需的时间应有尽有、你的精力用之不竭，甚至你得到的爱的支持也是源源不断。想象你自己不会失败。在这样的情况下，有什么事情是你在心底最深处想要做的？

不要忽略这个练习。为什么很多人都喜欢魔术？因为这些戏法挑战了现实世界的正常"逻辑"。为什么我们喜欢看高于生活的电影？因为我们喜欢看到各种限制在一瞬间灰飞烟灭，我们在内心深处希望自己可以冲破阻碍、体验新的奇迹。

所以请一定要偶尔停下来，问自己："如果我知道自己可以做任何事，而且不会失败，那我会做什么？"如果你在做的时候保持着坚定的信念和开放的思维，就会在自己内心的角落里找到极大的鼓舞。如果你真心地大胆去想，比你曾经做过的都要大胆，那么即使你的梦想只实现了1%，你也会获得巨大的满足。

最后，向前看，不要因为你的梦想不切实际，或是你曾经失败过而把它们抛弃。不幸的是，经历了生命中的种种失望后，我们大多数人屏蔽掉了自己对希望和奇迹的感觉，也屏蔽掉了自己对生命中最好的东西的向往；我们这么做是为了保护自己的心灵。但是，万一我们这么做是错误的呢？万一我们在失望中紧闭心门，因而错过了不期而至的机会呢？万一我们真的可以实现能够想到的最大胆的事情的1%呢？

请你不要在残酷的现实面前关闭自己的心门。大胆去想，去追求它，不要在乎谁会看见你的成功或者失败——只管享受这段旅程就好。

…… ……

临别之际，我还有一点儿想法。记住，这一切都关乎愿景。思考一下这段话：人类在这世界上创造出的一切，在最开始的时候都只是一个想法、一个愿景。一切都从一瞬间的激励开始。不要让你的梦想打折。相反，接受它们并考虑存在于那些想象图景中的可能性。把它们写下来，调整你的观念，让自己相信它们，然后追求它们。在你每天的工作与生活中激活它们，并期待一个超越自己的你的出现。

推 荐 资 源
"高效能时间管理术"资源

如果你想接受关于高效能时间管理术的现场培训，或是享受林恩伯格极富激励性的专题演讲，提升你的机构的生产效能——在研讨会中，林恩伯格将通过手把手地教授，带领学员们提升这些职场实践能力——当然也包括 Outlook 的相关培训，请登录：MasterYourWorkday.com。

很多人在实践新的所学内容时，都需要一对一的协助。迈克尔·林恩伯格提供面对面或电话辅导来满足这样的需求。为符合你的个人情况，林恩伯格将与你共事，揭示你时间管理中的问题所在，帮助你掌控自己的工作时间。你甚至可以与林恩伯格一起工作，从事目标策略制订和职业生涯顾问工作。也可以选择基于 Outlook 的辅导。了解更多信息，请登录：MasterYourWorkday.com。

此外还有高效能时间管理术 CD 自学套装。随 CD 套装附送纸质工作手册，内含书中所有的模板和练习。这是接受关于高效能时间管理术理念培训的高性价比方法，能帮助你提升在工作时间内的效率。了解更多信息，请登录：MasterYourWorkday.com。

最后还有日常计划活页夹。执行本书第一部分所展示的"工作流程表"的一个方法是使用新版"时间管理"日常活页夹，上面有着预先印制好的页面，可用于追踪所有的"时间管理 2"工作类型。这些页面可作为已有活页夹的加页，或作为一套完整的活页夹，它们能让你在开始执行时间管理流程时，使各事项保持良好的组织形式。该产品的查询和购买请登录：MasterYourWorkday.com。

《玩转微软 Outlook，轻松把控工作时间》，迈克尔·林恩伯格著。在本书的第一部分，我们一直提到可以使用 Microsoft Outlook来实施"把控层"的时间管理。这本《玩转微软 Outlook，轻松把控工作时间》可以在实体书店或网络销售渠道购买，可以考虑把下述的《基本配置培训 CD》与这本书捆绑起来购买，链接是：store.michaellinenberger.com。

　　《玩转微软 Outlook，轻松把控工作时间——基本配置培训 CD》。
这张 CD 将会在"高效能时间管理术"原理中的 Outlook 应用上助你
起步。CD 包括了有关如何设置 Outlook，以期使之和高效能时间管
理术的入门视频和循序渐进的教学视频相匹配。CD 以及 CD 加书的
捆绑套装见链接：store.michaellinenberger.com。

　　此外还推荐 ClearContext Outlook 软件。这款软件由林恩伯格与
ClearContext 公司合作开发，对 Outlook 进行预设置，以便能够生
成工作流程表。它还在 Outlook 中添加了很多有用的特色功能，包括
收件箱优先次序排列和项目跟踪。登录：www.michaellinenberger.
com/clearcontext.html 可以下载免费试用版。

推荐的第三方资源

我认为下面的这些第三方资源是在帮助你实现时间整理上最重要的补充工具。下列大部分工具在书中都有提及。我在下面提供了各个工具的网址，以便你进一步学习，你也可以登录MasterYourWorkday.com/RecommendedResources，查阅更多信息。

MindManager 软件，作者曼迪杰特。这款软件十分出色，对生成和显示观点以及使用时间系列工具都有着巨大帮助。它可以用来进行头脑风暴，制订出行动步骤以实现你的目标。它非常适合用来生成项目计划，特别是配合着插件模块 JCVGantt 一起使用。最后，在第三部分中它可以用来制作你的终生事业愿景表述。这是我最常向他人推荐的一款软件。下载这款软件的免费试用版以及与其配合使用的免费的时间整理各类模板，请登录：MasterYourWorkday.com/MindManager。

JCVGantt 软件，作者曼迪杰特。这是 MindManager 的一个可选的插件软件，使你能够直接把思维导图中的各个标题转化成为内部相互连接的项目计划。可在 MasterYourWorkday.com/MindManager 下载免费试用版，添加到 MindManager 软件中。

坎菲尔德培训团队——杰克·坎菲尔德。坎菲尔德的作品《成功原理》是至今我读过的最好的管理学书籍。它可以帮你提升自尊、优化巅峰表现，以及突破障碍，迈向更大的成功。请登录：www.jackcanfield.com。

博恩·崔西。他一直以来在目标和目标设定的问题上有很好的见解，他也是全世界最杰出的在个人成功与企业成功方面的思想领袖。他通过自己的书籍，以及本身作为一名最受追捧的成功导师，改变了千百万人的人生。尤其要读一下他的《目标！》和《时间力》这两本书。登录 www.briantracy.com 了解他其他的书籍与课程。

《快乐人生 7 步骤》，作者玛西·西莫夫。正如我提到过的，我觉得你在自身中体验快乐并把它带到你的工作中，这非常重要。我力荐《纽约时报》畅销书作者玛西·西莫夫的快乐作品。玛西也参与创作了《心灵鸡汤》，撰写了其中的 6 个标题的内容，她还出演了电影《秘密》。她写的这本书有着充分的研究支撑，也是一个自学教程，可以帮助任何人提升他们的快乐层次，无论他们身处怎样的环境之中。了解更多并注册以获取免费的"快乐人生 7 步骤"辅导和简讯，请登录：www.HappyForNoReason.com/workday。

热情测试。热情将我们与目的和愿景相关联，那些发现并能跟随自己的热情的人成为同时代中最成功、最有影响力的人。但是，找到自己真正的热情所在是没那么容易的——如此多的外在影响使我们偏离了轨道。由珍妮特·布雷·艾特伍德和克里斯·艾特伍德夫妇开发的"热情测试"提供了一种简单、强有力的方式来让每个人与自己的热情相关联。请登录：www.thepassiontest.com/workdaymastery。

《成功长青》，作者杰里·波拉斯、斯图尔特·埃默里、马克·汤普森。这是一本有着深刻洞见的书，区别于其他理念，它强调，你若想在工作上真正成功，就必须要从事自己感觉最有热情的事情。《成功长青》的合著者之一斯图尔特·艾默里开展关于这个主题（以及其他主题）的讲习班和研讨会。想了解更多，请登录：www.stewrtemery.com。

"莱夫科法"。莱夫科研究所通过温和但有效的方式为想在自己的行为或情绪上做出持久改变的人提供帮助。通过使用"莱夫科法"，永久性地断绝不需要的观念。请登录 www.recreateyourlife.com/workday，免费试用这个方法。

美国心脏数理研究所。研究所教授了关于在繁忙的世界中保持心智的活跃的技巧，保持心智的活跃才能够提升你对工作和人生的满足感。请登录 www.heartmath.com，找到解决方案，帮助你在充满压力的工作时间里保持心智的完整。

《信任的速度》，作者史蒂芬·柯维，丽贝卡·梅里尔协助。这本书做了一个很棒的提醒：商业的本质不是获胜、成交以及打击对手。相反，它关乎的是人际关系——与你的顾客、合伙人、还有同事的关系——以及在这些人际关系中信任的重要性。这是我在书中所说的"从心工作"的核心。我观察到的一个情况令我印象深刻，就是当人们相互信任时，工作场所的效率和生产力会迅速提高。这本书非常精彩，重新点燃了我对商界的热情。请登录：www.speedoftrust.com。

史蒂夫·法布尔。我发现史蒂夫·法布尔的书说的都是令人印象深刻的寓言类故事，对工作场所的领导艺术进行了最佳的强调。他的第一本书《激进飞跃》已经是公认的领导领域内的经典著作。他最新的一本书《比自己更伟大》是《华尔街日报》和《今日美国》的畅销书，讨论了如何指导你的员工，让他们能超越自身的价值所在。法布尔对这些主题进行演讲，他还是"极端领导"公司的总裁，这家公司致力于在商界中培养和发展极端领导。请登录：www.stevefarber.com。

《解答》，作者约翰·阿萨拉夫和穆雷·史密斯。这本书提供了一系列有效的方法，包括目标实现建议以及实际的小企业计划制订见解。两位作者成立了一家名为 OneCoach 的机构来帮助小企业主们在实现目标和为生意制订有效的计划上都取得成功。请登录：www.onecoach.com。

《企业神话》，作者盖伊·亨德里克斯、凯特·卢德曼。亨德里克斯是一名个人发展方面的作家，他在书中访问了美国很多最优秀的公司的CEO。他调查了他们如何把更高的生活理念运用到工作当中——像是正直、愿景、直觉、承诺。他对主管们在工作中如何使用"思考时间"来激活自己的直觉做了详尽讲解。请登录：www.hendricks.com。

《心理控制术》，作者麦克斯威尔·马尔茨（这本书最早是在1960年出版，迄今为止共销售超过3000万本。它是目前为止我最喜欢的一本关于挖掘潜意识的力量来提高生命质量的书。你会看到我在书中对它一再引用。

影像阅读法课程。对于时间管理来说，高效的阅读策略非常关键。我推荐使用"影像阅读法"，这是一种"全脑"的阅读方式，让你在高速阅读的同时保持着对内容的理解和对阅读过程的享受。通过使用影像阅读体系，你可以轻松地只用现在1/3的时间来完成阅读，而没有时间太紧内容太多的压力。请登录：www.PhotoReading.com。

《西多纳释放法》，作者海尔·多斯金。这本书教授你如何通过一套自我探究体系来释放限制性观念。我在书中介绍了释放限制性观念的重要性，而西多纳释放法可以告诉你如何发掘自己先天的能力来做到这点。这将会使你得到解放，去拥有现在最适合你的东西、成为你现在能做到的最好的人，或是做现在对你而言最好的事情。请登录：www.sedona.com。

《有求必应》，作者希克斯夫妇。希克斯夫妇是在"吸引力法则"领域毋庸置疑的带头人，他们用清楚实用的术语展示了"吸引力法则"的理念。该书的后半部分包含了一套步骤详尽的"流程方法"，你可以用它来实施书中所教授的内容。

《不抱怨时间——谁说重要事不能明天做》，作者马克·福斯特。这本书论述了"反应式心灵"这个概念，当处在这种状态中时，我们在看到需求和工作的那一刻都会对其过度反应。作者建议我们应该缓一缓，考虑第二天再做这些事情，这样更容易评估它们的真实价值。

《执行：如何完成任务的学问》，作者拉里·博西迪、拉姆·查兰和查尔斯·伯克。这部作品讲述了如何完美地执行计划而获得成功，并给出了如何做到工作与愿景平衡的方法。

《非常计划管理》，作者道格拉斯·德卡罗。这本书强调了制订计划时的灵活性和敏捷性，这是我现在向几乎所有的公司、机构极力推荐的方法。

《聆听自己的心声》，作者卡罗尔·瓦德。这是一本有趣的书，它会教你如何更准确地运用自己的直觉性感觉。

《要事第一》，作者史蒂芬·柯维、罗杰·梅里尔、丽贝卡·梅里尔。我非常喜欢这本书，甚至超过他们所写的更加有名的另一本书《高效能人士的七个习惯》，因为《要事第一》对时间管理进行了很实用的论述。

《生命的心流》，作者米哈里·契克森米哈赖。契克森米哈赖是"心流"——到达某种行云流水的状态——这个概念上的权威专家。这本书解释了加强这种体验的方法。

《尽管去做》，作者戴维·艾伦。对于希望控制工作时间、避免过度负荷的人来说，这本书已成为近乎经典的参考了。戴维把"下一步行动"的概念提升到了非常实用的层次。

《千万别在早晨查看电子邮件》，作者茱莉·摩根斯坦。茱莉大概是个人事务整理组织方面的权威专家了，这本书收录了组织好个人工作的一系列实用技巧。

《现在，发现你的优势》，作者马库斯·白金汉与唐纳德·克利夫顿。这本书是一本有用的指南，正如标题所说——帮助你找到自己的优势，进而将它们运用到自己的工作和职业生涯中。每一本书都配有一个独特的密码，你可以凭此登录作者的网站，进行在线问答，这能帮助你找到自己的工作优势所在。

《实用直觉促成功》，作者劳拉·戴。这本书是戴的《实用直觉》后续，两本书说的都是提升你自身的直觉，这本书的论述点更偏向于商业。

《盖洛普优势识别器2.0》，作者汤姆·拉思。这本书是《现在，发现你的优势》的升级版，对先前的工具做了改进。

《高效能人士的七个习惯》，作者史蒂芬·柯维。这本书最早出版于1989年，是一部里程碑式的作品，对个人管理的最佳做法进行了定义。

《第五项修炼》，作者彼得·圣吉。这本有关创造"学习型组织"的经典著作，包含了对心智模式的最佳描述以及其在商业上的实际应用，心智模式是本书第一部分"把控层"中各项技巧的关键性基础。

《直觉优势》，作者菲利普·古德伯格。古德伯格的这部有思想、犀利且研究充分的作品，几乎从所有角度对直觉进行了探讨：它是什么、如何使用、如何提高。

《当下的力量》，作者埃克哈特·托利。在这本极受欢迎的书中，埃克哈特·托利集中论述了"当下体验"的重要性，把它提升至精神的层面。我在书中也把论述的重点集中在"当下体验"这个概念，我把它当成一种工具，启示工作中注意力是如何分配的。

《潜意识的力量》，作者约瑟夫·墨菲。这本书最早出版于1963年，其中包含了非常多这样的故事：人们通过运用潜意识的力量，能以各种各样的方式取得成功。

《致富的科学》，作者华莱士·沃特尔斯。这本书最早出版于1910年，也许正是它催生了之后一百年中无数的成功学书籍。例如，朗达·拜恩说，她的DVD配书《秘密》的灵感来源正是这本书。很多人认为拿破仑·希尔的《思考致富》就是以这本书作为基础的。《思考致富》是"通过使用思维的力量，你可以创造出你在商业上和生活中想要的东西"这一论述的经典来源。

《秘密》，作者朗达·拜恩。这部制作精良的DVD纪录片让"吸引力法则"轰动一时，随后以书籍形式发行。

《思考致富》，作者拿破仑·希尔。这本书最早出版于1937年，是毋庸置疑的经典；许多同时代的身心灵作家所使用的核心内容都出自这本书。

《无所不能：发现情绪自由疗法的力量》，作者帕特丽夏·卡灵顿。这是关于情绪自由疗法的众多书籍中的一本，卡灵顿出色地展现了情绪自由疗法的广阔使用范围，包括商界人士在内。

《激发无限潜能》，作者安东尼·罗宾。这本书包含了最受欢迎的神经语言程序学内容。

《你的降落伞是什么颜色？》，作者理查德·鲍利斯。过去每5年左右，我会有一次工作变更，每一次我都会读这本书。在成功实现工作和职业生涯变更过程中，这本书是我最重要的参考书。

《写下你的灵魂》，作者珍妮·科诺。这本书用非常个人化的记叙来说明写日记如何能引发你对自身的深刻洞见，从而让你更好地与直觉相关联。

《你的第六感：解放你的直觉力量》，作者贝尔鲁斯·纳伯斯蒂。相比其他我所见的方法来源，贝尔鲁斯更多采用了从心理学出发的方法来提升直觉。我喜欢她的风格。

THANK
致谢

我对下列人员表示深深的感谢，若没有他们，我永远不可能完成这本书。

（按字母顺序排列）

戴维·阿布罗、乔·布尤洛、玛丽·卡尔维兹、莎拉·克莱尔赫特、菲利普·戴维、杰弗里·狄坦乐、狄农·蒂奇安特、弗洛里斯·弗伯、维维安·格罗曼、詹妮弗·霍索恩、詹森·霍夫曼、凯西·凯泽、卡罗尔·克兰、吉姆·科瑞兹、温迪·拉森、艾米·莱斯查克·卡尔、查克·林恩伯格、马克·林恩伯格、朱蒂·伯恩、戴维·欧克欧莱、卡罗尔·赖克、丹尼尔·威廉·赖利、凯文·罗思和彭妮·塞恩斯维拉。

最后，

我要特别感谢玛西·西莫夫，你给予我的激励与支持是无法估量的。